FABIAN WALTER

SEI DOCH NICHT
BESTEUERT

ÜBER DEN AUTOR:

Fabian Walter, geboren 1989, ist Steuerexperte. Nach erfolgreichem Abschluss des Masterstudiums der Betriebswirtschaftlichen Steuerlehre an der Albert-Ludwigs-Universität Freiburg hat er zunächst in einer Steuerkanzlei und später im Bereich Fort- und Weiterbildung für Steuerberater und Steuerberaterinnen gearbeitet. Seit 2020 versorgt er als „Steuerfabi" auf Social Media die deutschen Steuerzahler mit wertvollem Steuerwissen. Dafür setzt er auch schon mal eine blonde Langhaarperücke auf. Über eine halbe Million Menschen folgen ihm, wenn er etwas über Steuern erzählt. Fabian Walter lebt und arbeitet in Freiburg.

FABIAN WALTER

SEI DOCH NICHT
BESTEUERT

Mit **Steuerfabi**
die Welt der
Steuern
verstehen
und richtig
Geld sparen

SO GEHT'S
€
Gehalt, Steuer-
erklärung, Finanzen
optimieren

echtEMF ist eine Marke der Edition Michael Fischer

2. Auflage
Originalausgabe
© 2022 Edition Michael Fischer GmbH,
Donnersbergstr. 7,
86859 Igling

Covergestaltung: Lena Albert, unter Verwendung
eines Motivs von ©privat
Redaktion: Matthias Auer
Satz: Lena Albert
Illustrationen: Lena Albert

Druck: GGP Media GmbH, Karl-Marx-Straße 24, 07381 Pößneck

ISBN 978-3-7459-1083-4
www.emf-verlag.de

INHALT

Vorwort   9

STEUERN?   11

Warum sollte ich mich mit Steuern beschäftigen?   11

Ab wann zahle ich Steuern?   12

Wie viel Steuern zahle ich?   14

Warum zahle ich Steuern?   16

Was bedeutet „von der Steuer absetzen"?   17

Was bedeutet „von der Steuer abziehen"?   19

Was sind Steuerklassen?   20

Was wird mir von Gehalt abgezogen?   24

Was koste ich den Arbeitgeber?   28

Lohnt sich eine Gehaltserhöhung irgendwann
wirklich nicht mehr?   30

DIE STEUERERKLÄRUNG   31

Was ist eine Steuererklärung?   31

Muss ich eine Steuererklärung machen?   32

Warum sollte ich eine Steuerklärung machen?   34

Einmal Steuererklärung, immer Steuererklärung?   34

Steuererklärung, ohne Lohnsteuer gezahlt zu haben?   35

Lohnt sich eine Steuererklärung als Azubi/Student?   37

Ab/bis wann kann ich eine Steuerklärung abgeben?   39

Was passiert, wenn ich die Steuererklärung nicht
abgebe, obwohl ich müsste?   40

Wie lange muss ich meine Belege aufbewahren?   41

Privatrechnung?   41

Brauche ich einen Steuerberater?   42

Woran erkenne ich einen guten Steuerberater?   43

Wie lange braucht das Finanzamt, bis meine
Steuererklärung bearbeitet ist?   45

Vergessen, etwas anzugeben?   46

DIE STEUERERKLÄRUNG MACHEN   49

Programme oder Elster nutzen?   49

Registrierung Elster   51

Vorausgefüllte Steuererklärung beantragen   52

Wichtige Anlagen   54

MEHR NETTO VOM BRUTTO?   91

Antrag auf Lohnsteuer-Ermäßigung   91

Welche Nebeneinkünfte muss ich nicht versteuern?   94

Ehrenamtliche Tätigkeiten   95

Minijobs   96

Nebenjob   99

STEUERFREIE GEHALTSEXTRAS   101

50 Euro monatliche Sachbezüge   101

60 Euro & höhere jährliche Sachbezüge   105

Geschenke bei Betriebsveranstaltungen   106

Betriebliche Altersvorsorge   107

Erholungsbeihilfe   108

Mitarbeiterbeteiligungen   109

Essensmarken   110

Fahrrad   111

E-Bike   112

Firmenwagen/Garagenstellplatz   113

Fahrtkostenzuschüsse/Job-Ticket   116

Gesundheitsförderung   118

Kinderbetreuung   119

Kurzfristige Betreuung 119

Notsituationen 120

Personalrabatte 120

PC, Notebook, Smartphone & Tablet 121

Telefon- & Internetkosten 122

Trinkgelder 123

Umzug 124

Vergünstigte Vermietung 124

Verpflegungsmehraufwendungen 125

Sonntags-, Feiertags- und Nachtzuschläge 126

Exkurs: Wie man den Arbeitgeber überzeugt 127

WAS MUSS ICH AUSSERDEM WISSEN? 129

Die erste Immobilie kaufen 129

Die erste Immobilie vermieten 130

Die erste Immobilie verkaufen 137

Erste Schenkung 139

Erste Erbschaft 144

Erste Aktien/ETF 147

Erste Kryptowährungen 149

Das erste Unternehmen gründen 151

ABSCHLIESSEND NOCH
WEITERE STEUERTIPPS 187

Unternehmen 187

Immobilien 199

Sonstiges 203

Schlusswort 211

Glossar 213

Quellenverzeichnis (QR-Code) 220

Register 221

VORWORT

Wenn in Deutschland ein Baby geboren wird, bekommt es erst einmal eine Steuer-Identifikationsnummer vom Bundeszentralamt für Steuern. Daran sieht man schon, welch große Rolle Steuern im Leben eines jeden Menschen spielen. Und auch schon vor der Geburt verdient der Staat am neuen Erdenbürger: Auf alle Anschaffungen der Eltern für das Kind wie Kleidung, Bettchen, Spielsachen wird eine Steuer erhoben – und zwar die Umsatzsteuer, auch Mehrwertsteuer genannt. Später wird dann jeder selbst mit dieser Steuer belastet, aber natürlich auch mit einer ganzen Reihe weiterer wie der Einkommensteuer, der Schenkungsteuer, der Grunderwerbsteuer und so weiter.

Dutzende verschiedene Steuerarten gibt es in Deutschland.

Und jedes Jahr verbucht der Fiskus Milliarden von Euro mehr an Staatseinnahmen, weil die meisten Bürger und Bürgerinnen die Grundlagen des deutschen Steuerrechts nicht kennen. Das ist schön für die Staatskasse, aber bedauerlich für den Einzelnen, der aus Unwissenheit zu viel bezahlt. Aus dieser Motivation heraus schrieb ich dieses Buch. Denn jeder sollte wissen, wie das

Steuersystem funktioniert und auf was man achten muss, um sich nicht im Steuerdschungel zu verirren. Das Gute dabei ist: Um eine saubere Steuererklärung abzuliefern, bei der nur die Steuern fällig werden, die man auch wirklich zu bezahlen hat, muss man kein Steuerexperte sein!

Dieses Buch wird dafür die nötigen Grundlagen schaffen, zeigen, wie man eine korrekte Steuererklärung macht und Tipps & Tricks vermitteln, um richtig Steuern zu sparen.

Dabei versuche ich, die Zusammenhänge so einfach wie möglich zu erklären.

Aber genug der Worte. Starten wir. Machen wir Deutschland gemeinsam steuerfit!

STEUERN?

WARUM SOLLTE ICH MICH MIT STEUERN BE- SCHÄFTIGEN?

Zunächst einmal sind Steuern nichts Schlechtes. Sie halten unseren Staat, der angesichts seiner zahlreichen Aufgaben viel Geld kostet, am Laufen. Steuereinnahmen sorgen unter anderem für die finanzielle Absicherung von Forschung, Bildung und Lehre und dienen etwa zur Schaffung, Aufrechterhaltung und Verbesserung der Infrastruktur.

Es wäre nicht so toll, würden wir auf dem Weg zur Schule, zur Uni oder zur Arbeit in ein Schlagloch fallen oder gäbe es keine Polizei, die für Ordnung sorgt.

Die Steuern, die zwingend gezahlt werden müssen, sollten also selbstverständlich gezahlt werden. Es gibt aber auch Steuern, die auf legalem Weg vermieden werden können. Wie viel das sein kann, hängt von ganz unterschiedlichen Faktoren ab: Das mögen manchmal nur ein paar Euro Lohnsteuer, ein anderes Mal aber können das auch ein paar Hunderttausend Euro Schenkungsteuer sein.

Da das Thema Steuern meiner Meinung nach weder in der Schule noch sonst wo, ausreichend behandelt wird, sind vielen Steuerzahlern meist selbst die Grundlagen nicht bekannt. Fehlen diese jedoch, trifft man steuerliche Entscheidungen, die im schlimmsten Fall später im Leben nicht mehr umkehrbar sind. Vielleicht bemerkt man diese falschen Entscheidungen sein ganzes Leben lang nicht einmal, und erst nach dem Tod bekommen die Erben beispielsweise eine viel zu hohe Belastung durch die Erbschaftsteuer zu spüren. Fehlendes Grundlagenwissen kann also nicht nur zum eigenen Schaden, sondern auch anderen zum Nachteil werden. Umso wichtiger ist es deshalb, zumindest in Grundzügen unser Steuersystem zu verstehen.

AB WANN ZAHLE ICH STEUERN?

Ohne dass man es weiß, zahlt man bereits als Kind Steuern. Bei jeder Kugel Eis geht ein Teil des Preises in Form von Umsatzsteuer an den Staat.

Wirklich interessant wird es dann ab dem ersten richtigen Job. Denn sobald man monatlich gut 1.200 Euro verdient, wird Lohnsteuer fällig. Bleibt man unter diesem Betrag, das gilt zumindest für das Jahr 2022, zahlt man keine Lohnsteuer.

Manche wundern sich nun vielleicht, denn der Grundfreibetrag, bis zu dem man keine Steuern zahlt, liegt bei 10.347 Euro im Jahr. 1.200 Euro mal zwölf Monate ergibt allerdings *nicht* 10.347 Euro: Denn aufgepasst, das Bruttoeinkommen darf nicht mit dem zu versteuernden Einkommen verwechselt werden.

Auf dem Schaubild erkennt man, dass es nicht auf die Bruttoeinnahmen ankommt, sondern darauf, was am Ende für ein zu versteuerndes Einkommen übrig bleibt. Also was nach Abzug der Kosten noch da ist.

Was muss ich versteuern?

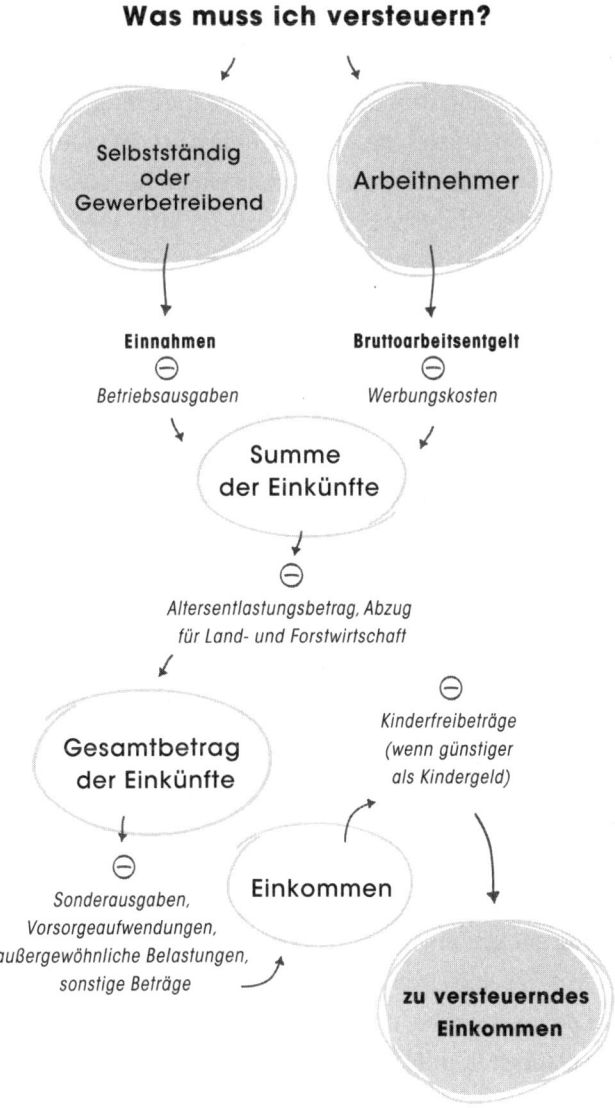

So errechnet man das zu versteuernde Einkommen

Welche Kosten können das sein? Bei den Werbungskosten hat jeder Angestellte einen Werbungskostenpauschbetrag von 1.200 Euro. Pauschbetrag heißt, dass dieser dem Steuerpflichtigen insgesamt ohne nähere Spezifizierung abgezogen wird. Das ist unter anderem der Grund, weshalb Lohnsteuer erst ab einem höheren Betrag als dem erwähnten Grundfreibetrag von 10.347 Euro abgezogen wird. Dass man als Azubi trotzdem weniger als seinen Bruttolohn ausgezahlt bekommt, liegt oft nicht an den Steuern, sondern an den Sozialversicherungsbeiträgen, wie der Krankenversicherung, die vom Bruttolohn abgezogen wird.

Weitere Kosten, um das zu versteuernde Einkommen zu drücken, können Fahrtkosten sein. An späterer Stelle werde ich noch mehr Möglichkeiten aufführen.

Das bedeutet also: Selbst wenn man zum Beispiel 20.000 Euro im Jahr verdient, muss man keine Einkommensteuern zahlen, solange man, vereinfacht gesagt, 10.000 Euro an Kosten nachweisen kann. Aber das kann das Finanzamt nur berücksichtigen, wenn man eine Steuererklärung macht.

| WIE VIEL STEUERN ZAHLE ICH?

Hat man verstanden, dass es nicht auf die Einnahmen, sondern auf das zu versteuernde Einkommen ankommt, kann man seine Steuerbelastung gut und einfach berechnen. Das Bundesfinanzministerium hat dafür einen Rechner entwickelt: *https://www.bmf-steuerrechner.de/ekst/eingabeformekst.xhtml*

Viele glauben nun fälschlicherweise, wenn der Spitzensteuersatz von 42 Prozent bei 58.597 Euro im Jahr beginne, dass man dann auch auf den gesamten Betrag diese 42 Prozent entrichten müsse. Man zahlt tatsächlich aber nur auf den allerletzten Euro bei 58.597 Euro im Jahr 42 Prozent, hat also bezogen auf dieses zu versteuernde Einkommen eine reale, durchschnittliche Steuerbelastung von etwa 26 Prozent, da man auf die ersten 58.596 Euro entsprechend weniger Steuern entrichtet.

 **ESPRESSO-TIPP:**

Man zahlt nicht auf die gesamten 58.597 Euro 42 Prozent Steuern, selbst wenn man die Grenze überschreitet.

Ab etwa 65.000 Euro zu versteuerndem Einkommen zahlt man zudem noch den sogenannten Solidaritätszuschlag (kurz „Soli"), das ist ein Aufschlag auf die Einkommensteuer. Der Soli hängt von der zu zahlenden Einkommensteuer ab. Für etwa 90 Prozent der Steuerzahler ist der Soli 2021 durch die Einführung dieser hohen Grenze weggefallen. Für Unternehmen, die Körperschaftsteuer zahlen müssen, gab es allerdings keine Entlastungen bei dem Soli. Und genauso wenig für diejenigen, die Kapitalerträge erzielen. Diese zahlen auf ihre Aktiengewinne weiterhin 25 Prozent Kapitalertragsteuer zuzüglich 5,5 Prozent Soli, was eine Steuerbelastung von insgesamt 26,375 Prozent bedeutet.

Auch wenn die Lohn- oder Einkommensteuer für die meisten Menschen die größte Steuerbelastung darstellt, machen diese Steuern nur rund 35 Prozent der gesamten deutschen Steuereinnahmen aus. Darüber hinaus entfallen rund 23 Prozent der Steuereinnahmen auf die Umsatzsteuer, auch Mehrwertsteuer genannt, die man auf fast alle Produkte und Dienstleitungen entrichten muss.

Aber es gibt auch Dutzende weitere Steuerarten, die einen je nach der eigenen Lebenssituation betreffen. Als Autofahrer wird man über die KFZ-Steuer belastet. Die Energiesteuer merkt jeder Autofahrer, und Grundsteuer zahlt jeder, entweder als Wohnungseigentümer oder als Mieter über die Nebenkostenabrechnung. Nicht zu vergessen die Grunderwerbsteuer und etliche andere.

Grundsätzlich unterscheidet man folgende drei Steuerarten:

1. Verkehrsteuern, die auf die Teilnahme am Rechts- und Wirt-schaftsverkehr erhoben werden (zum Beispiel Umsatzsteuer, Grunderwerbsteuer)
2. Verbrauchsteuern, die auf den Verbrauch bestimmter Güter erhoben werden (zum Beispiel Stromsteuer, Kaffeesteuer)
3. Besitzsteuern, das sind zum einen Ertragsteuern, die auf einen Vermögenszuwachs erhoben werden (zum Beispiel Einkommensteuer, Körperschaftsteuer, Gewerbesteuer), und zum anderen Substanzsteuern, die auf den Besitz von Vermögensgegenständen erhoben werden (zum Beispiel die Grundsteuer).

WARUM ZAHLE ICH STEUERN?

Bei den anfallenden Steuern fragt man sich manchmal, warum man diese eigentlich entrichtet. Zahle ich zum Beispiel KFZ-Steuer, damit ich auf Straßen ohne Schlaglöcher fahren kann? Die Antwort lautet – ja und nein. Gemäß der Abgabenordnung sind Steuern Geld-leistungen, die kein Entgelt für eine besondere Leistung darstellen und von einem öffentlich-rechtlichen Gemeinwesen zur Erzielung von Einnahmen generell erhoben werden. Das bedeutet, der Staat kann die Einnahmen aus der KFZ-Steuer zwar dazu verwenden, die Infrastruktur zu erhalten, zu verbessern und auszubauen, aber eben auch, um Beschäftigte im öffentlichen Dienst zu entlohnen, um für den finanziellen Ausgleich sozialer Unterschiede zu sorgen oder um Forschung, Bildung und Lehre zu fördern.

Teilweise ist es frustrierend, da man als Steuerzahler in der Regel nicht weiß, für was die Steuern konkret verwendet werden. Presse-berichte über explodierende Milliardeninvestitionen beim Bau von prestigeträchtigen Flughäfen oder Bahnhöfen beziehungsweise gar über Steuerverschwendung rufen zu Recht Ärger beim sogenannten Steuerbürger hervor. Dennoch ist festzuhalten, dass Steuereinnahmen für das Funktionieren des Gemeinwesens von den Ausgaben für das Gesundheitswesen bis hin zur Gewährleistung der inneren und äußeren Sicherheit unverzichtbar sind. Schulen, Straßen, Krankenhäuser, Kindergärten, Umweltschutz, Gerichte oder die Polizei werden durch unsere Steuergelder finanziert. Ich zahle deshalb gern Steuern (nur nicht zu viel, wenn es nicht sein muss).

Im Übrigen gibt es aber auch Lenkungssteuern, die gesellschaftlich nicht erwünschte Verhaltensweisen beeinflussen sollen. So wird mit einer hohen Tabaksteuer versucht, das Rauchen einzudämmen. Ob das dadurch gelingt, ist allerdings fragwürdig.

WAS BEDEUTET „VON DER STEUER ABSETZEN"?

Wir haben schon gelernt, dass es in der Regel nicht auf die Einnahmen, sondern auf das zu versteuernde Einkommen ankommt. Dieses zu senken muss also das Ziel sein. Man kann aber nicht alles von der Steuer *absetzen*, sondern hauptsächlich Posten, die zur Erzielung von Einkünften dienen. Privatvergnügen kann man nicht von der Steuer absetzen.

Ein Beispiel: Nehmen wir einmal an, jemand schafft sich einen Laptop an und nutzt ihn zu 50 Prozent für den Job. Leider übernimmt die Firma nichts von den Kosten von 2.000 Euro. Nun kann man, da der Laptop ja zu 50 Prozent privat verwendet wird und zu 50 Prozent beruflich, 1.000 Euro von der Steuer „absetzen". Bedeutet das jetzt, dass man diese 1.000 Euro „zurückbekommt", wenn man diese Summe „von der Steuer absetzt"? Nein.

 **ESPRESSO-TIPP:**

Aber wie viel bekommt man dann zurück? Das hängt davon ab, wie stark man sein zu versteuerndes Einkommen damit verringert: Nehmen wir an, in der Ausbildung senkt man es dadurch von 9.000 Euro auf 8.000 Euro im Jahr, dann spart man durch das Absetzen gar nichts, da man ja auch ohne die Berücksichtigung des Laptops noch keine Steuern zahlt.

Setzt man die hälftigen Kosten für den Laptop hingegen in einem gut bezahlten Job ab und senkt sein zu versteuerndes Einkommen von 60.000 Euro auf 59.000 Euro, so bekommt man für den Laptop 420 Euro an Kosten über die Steuererklärung zurück.

Mithilfe besagten Rechners des Bundesfinanzministeriums kann man sich am Grenzsteuersatz orientieren. Liegt dieser bei 42 Prozent, erspart man sich, wenn man 1.000 Euro absetzt, wie gesagt 420 Euro. Eine einfache Rechnung.

Grundsätzlich gilt: Je mehr man verdient, desto mehr bekommt man zurück, wenn man etwas von der Steuer absetzt. Aber selbst wenn man bei einem zu versteuernden Einkommen von 1 Million 1.000 Euro absetzt, bekommt man nur etwa 45,6 Prozent, also 456 Euro, zurück, da der Reichensteuersatz bei maximal 45 Prozent + Soli liegt.

 **ESPRESSO-TIPP:**

Anschaffungen zu tätigen und dafür Geld auszugeben, lediglich um Steuern zu sparen, bringt also nichts.

| WAS BEDEUTET „VON DER STEUER ABZIEHEN"?

Wir haben schon gelernt, was „von der Steuer absetzen" bedeutet, was der Regelfall ist. Es gibt aber auch noch die Möglichkeit, etwas „von der Steuer abzuziehen". Der Hauptanwendungsfall sind hierbei die Handwerkerleistungen und die haushaltsnahen Dienstleistungen.

Bei Handwerkerleistungen für Renovierungs-, Erhaltungs- und Modernisierungsmaßnahmen (nicht beim Neubau!) ermäßigt sich die Einkommensteuer um 20 Prozent der Aufwendungen, höchstens jedoch um 1.200 Euro pro Jahr. Bei haushaltsnahen Dienstleistungen, zum Beispiel durch eine Haushaltshilfe, wiederum höchstens um 4.000 Euro.

Nehmen wir das Beispiel, eine selbstständige Haushaltshilfe reinigt wöchentlich die Wohnung des Auftraggebers. Dafür stellt sie ihm Rechnungen über 2.000 Euro im Jahr aus. In diesem Fall kann man 20 Prozent davon, also 400 Euro, von der Steuerschuld abziehen, spart sich also 400 Euro Steuern. Auf den tatsächlichen Einkommensteuersatz kommt es hier nicht an.

 **ESPRESSO-TIPP:**

Die Rechnungen müssen per Überweisung gezahlt werden.

WAS SIND STEUERKLASSEN?

Zunächst einmal ein kurzer Überblick, welche Steuerklassen es gibt:

» Steuerklasse 1: ledig, verwitwet, getrennt/geschieden
» Steuerklasse 2: alleinerziehend, getrennt lebend
» Steuerklasse 3: Verheiratete/eingetragene Lebenspartnerschaft
» Steuerklasse 4: Verheiratete/eingetragene Lebenspartnerschaft
» Steuerklasse 4 mit Faktor: Verheiratete/eingetragene Lebenspartnerschaft
» Steuerklasse 5: Verheiratete/eingetragene Lebenspartnerschaft
» Steuerklasse 6: Zweit- und Nebenjob (Minijobs unterliegen im Regelfall keinem Steuerabzug beim Arbeitnehmer)

Die Steuerklassen bestimmen, wie viel Lohnsteuer vom Bruttogehalt einbehalten wird, sprich, wie viel man als Angestellter oder Arbeiter ausgezahlt bekommt. So wird bei Alleinerziehenden in der Steuerklasse 2 der Entlastungsbetrag für Alleinerziehende in Höhe von aktuell 4.008 Euro pro Jahr über die Steuerklasse gleich monatlich berücksichtigt. Man bekommt also monatlich mehr ausgezahlt. Beim Zweit- und Nebenjob wird mit der Steuerklasse 6 hingegen relativ viel abgezogen, da man im Hauptjob meist schon ordentlich verdient.

Insbesondere viele Verheiratete stellen sich die Frage, welche Steuerklasse man wählen sollte. Standardmäßig haben beide Ehepartner die Steuerklasse 4, das zieht dieselben Abzüge nach sich, als wenn sie gar nicht verheiratet (und also in der Steuerklasse 1) wären. In der Steuerklasse 4 muss man im Regelfall auch keine Steuererklärung abgeben.

Oft entscheiden sich Ehepaare allerdings für die Steuerklassenkombination 3 und 5: die Steuerklasse 3 für den Partner mit höherem Einkommen oder als Alleinverdiener; die Steuerklasse 5 für den Partner mit geringerem oder keinem Einkommen.

In der Steuerklasse 3 werden dem Besserverdiener also weniger Steuern abgezogen. Nehmen wir mal an, die Frau verdient besser als der Mann. Dann spart sie mit Steuerklasse 3. Dem Mann wird von seinem im Vergleich zu ihrem geringeren Einkommen aber mehr Lohnsteuer abgezogen. Er muss also darauf hoffen, dass ihm seine Frau im gemeinsamen Alltag den Steuervorteil ausgleicht, den sie durch ihn hat.

Verdienen beide unterschiedlich viel, kann es wegen der Steuerklassenkombination 3 und 5 durch eine verpflichtende Steuererklärung zu Steuernachzahlungen kommen. Das bedeutet aber nicht, dass man insgesamt mehr Steuern zahlt. Die Nachzahlung kommt nur daher, weil man unterm Jahr weniger Lohnsteuer abführen musste und vom Arbeitgeber mehr Nettogehalt ausgezahlt bekommen hat.

Wenn man eine größere Steuernachzahlung vermeiden möchte, aber trotzdem unter dem Jahr mehr Geld zur Verfügung haben will, kann man sich als Ehepaar/eingetragene Lebenspartnerschaft auch für die Steuerklasse 4 mit Faktor statt der Steuerklasse 4 entscheiden. Bei dieser weitestgehend unbekannten Steuerklasse errechnet das Finanzamt mithilfe eines Faktors, wie die Steuerbelastung in der Ehe in etwa verteilt werden muss. So hat jeder eine „fairere" Belastung.

Man kann die Steuerklasse übrigens auch wechseln, indem man online auf *www.elster.de* den Antrag auf Steuerklassenwechsel bei Ehegatten/Lebenspartnern stellt.

Warum sind Steuerklassen gar nicht so wichtig?

Vor allem Ehepaare überlegen sich oft (zu) lange, welche Steuerklassenkombination für sie nun die beste wäre, anstatt sich mit anderen steuerlichen Sachverhalten zu beschäftigen, mit denen sie wirklich Geld sparen könnten.

Die Steuerbelastung in der Ehe ist insgesamt immer dieselbe, unabhängig davon, für welche Steuerklasse man sich entschieden hat. Wenn man zusammen beispielsweise ein zu versteuerndes Einkommen von 60.000, 70.000 oder 80.000 Euro im Jahr hat, dann zahlt man mit der Steuerklassenkombination 4 und 4 bzw. 3 und 5 identische Steuern. Der Unterschied ist nur, wie schnell man das Geld auf dem Konto hat.

Bei einem gemeinsam zu versteuernden Einkommen von Eheleuten in Höhe von 60.000 Euro liegt die durchschnittliche Steuerbelastung bei 16,73 Prozent, umgerechnet also bei 10.040 Euro. Nehmen wir mal an, mit Steuerklassenkombination 3 und 5 wurden nur 9.040 Euro bei sämtlichen monatlichen Lohnabrechnungen eines Jahres abgezogen, dann muss das Ehepaar später 1.000 Euro nachzahlen. Wurden mit der Steuerklassenkombination 4 und 4 aber 11.040 Euro abgezogen, bekommt das Ehepaar 1.000 Euro über die Steuererklärung wieder erstattet. Wenn man also etwas auf das Geld warten kann, sind die Steuerklassen meist egal. Bei höheren Nachzahlungen durch vorteilhafte Steuerklassen wird das Finanzamt auch weitere Einkommensteuervorauszahlungen festsetzen, sodass der Effekt der früheren Erstattung durch die Lohnsteuerklassen ab dem 2. Jahr meist wegfällt.

Manches jedoch, wie zum Beispiel Arbeitslosengeld oder Elterngeld, berechnet sich auf Basis des Nettoeinkommens. Hier kann es also sinnvoll sein, sich Gedanken um die Steuerklasse zu machen.

Elterngeldtrick mit den Steuerklassen

Eltern stehen gemeinsam insgesamt 14 Monate Basiselterngeld zu. Ein Elternteil kann dabei mindestens 2 und höchstens 12 Monate für sich in Anspruch nehmen. Als Alleinerziehender kann man volle 14 Monate Elterngeld erhalten.

Wenn man verheiratet ist, kann es nun sinnvoll sein, die unterjährig zunächst schlechtere Steuerklassenkombination zu wählen, da sich das Elterngeld auf Grundlage des Nettoeinkommens nach allen Abzügen der letzten zwölf Monate vor der Geburt des Kindes berechnet.

Derjenige, der nach der Geburt länger Elterngeld bekommt, sollte vor der Geburt des Kindes weniger Lohnsteuer zahlen und damit ein höheres Nettogehalt erhalten. Plant also die Mutter, nach der Geburt des Kindes länger in Elternzeit zu gehen, kann es sinnvoll sein, dass die Ehefrau schon vor Geburt in der Steuerklasse 3 ist, obwohl sie eventuell gar nicht besser verdient.

Der Steuerklassenwechsel vor der Geburt eines Kindes ist vom Gesetzgeber allerdings mit einer hohen Hürde versehen worden – denn der Antrag muss spätestens sieben Monate vor dem Monat gestellt werden, in dem der Mutterschutz beginnt.

Meistens ist das für die Paare zwei bis drei Wochen zu spät, da sie zu diesem Zeitpunkt noch gar nicht wissen, dass die Frau schwanger ist.

Für Geburten ab dem 1. September 2021 kann der erste Mutterschutzmonat allerdings rechnerisch gegenüber der Elterngeldstelle wieder mit einbezogen werden. So können trotz späterer Kenntnis von der Schwangerschaft die vor Beginn des Mutterschutzes notwendigen mindestens sechs Monate in Steuerklasse 3 erreicht werden.

Die Frau geht hierbei trotzdem normal in Mutterschutz.

Ein kleiner Nachteil dabei ist, dass dieser Monat nur als Teilgehalt in die Errechnung des vorgeburtlichen Arbeitslohns einfließt. Das senkt den Durchschnitt und somit auch das Elterngeld. Es besteht aber die Möglichkeit, wenn man das denn möchte, gegenüber dem Arbeitgeber vor Beginn des Mutterschutzes schriftlich auf Teile dessen freiwillig zu verzichten bzw. Resturlaub zu nehmen.

Mit dem Elterngeldrechner auf *www.familienportal.de* kann man sich das Elterngeld (inklusive Geschwisterbonus etc.) berechnen lassen und schauen, welche finanziellen Auswirkungen ein höheres Nettoeinkommen vor der Geburt auf das Elterngeld haben würde.

Das Elterngeld ist steuerfrei, allerdings unterliegt es dem sogenannten Progressionsvorbehalt. Das bedeutet, dass man wegen des Elterngeldes einen höheren Steuersatz auf das übrige Einkommen hat, was zu Steuernachzahlungen führen kann. Dennoch lohnt sich die Beantragung von Elterngeld, denn die Steuernachzahlungen sind weitaus geringer als das erhaltene Elterngeld.

 ESPRESSO-TIPP:

Erhält man steuerfreie Bezüge wie das Elterngeld, kann eine Einzelveranlagung der Ehepartner steuerlich sinnvoller sein als die Zusammenveranlagung.

WAS WIRD MIR VOM GEHALT ABGEZOGEN?

Lohnsteuer- und Sozialversicherungsbeiträge

Als mir einmal jemand via Social Media schrieb, dass ich der erste Mensch sei, der ihm nach Abitur und abgeschlossenem Studium eine Gehaltsabrechnung erklärt habe, war ich zwar ein bisschen verwundert, andererseits habe ich jedoch bei meiner Tätigkeit schon früh gemerkt, dass vielen Menschen eben wirklich nicht ganz klar ist, was ihnen vom Lohn abgezogen wird.

Da jeder unterschiedlich verdient, verweise ich in diesem Zusammenhang gern auf einen der unzähligen „Brutto-Netto-Rechner" im Internet, mit denen man sich genau ausrechnen kann, wie viel vom Gehalt abgezogen wird.

Zur Illustration möchte hier mal als Beispiel ein Gehalt von 3.000 Euro brutto im Monat unter die Lupe nehmen. Also vor Steuern. Eselsbrücke: „Brutto – brutal viel, Netto – net mehr so viel."
Bei einem Bruttogehalt von 3.000 Euro werden abgezogen: 373,33 Euro an Lohnsteuer – und das war es dann auch schon an Steuern – sowie 606,75 Euro an Sozialversicherungsbeiträgen.
Die Sozialversicherungsbeiträge teilen sich auf in:

» Rentenversicherung: 279,00 Euro (9,3 Prozent)
» Arbeitslosenversicherung: 36,00 Euro (1,2 Prozent)
» Krankenversicherung 235,50 Euro (7,3 Prozent plus individueller Zusatzbeitrag der Krankenkasse, hier 0,55 Prozent für den Arbeitnehmer)
» Pflegeversicherung: 56,25 Euro (1,875 Prozent).

Der Arbeitgeber zahlt übrigens auch noch Sozialversicherungsbeiträge, den sogenannten Arbeitgeberanteil für das Bruttogehalt von 3.000 Euro. Bei diesem Monatsgehalt beträgt der Arbeitgeberanteil 597,75 Euro. Den Arbeitgeber kostet die Beschäftigung also insgesamt 3.597,75 Euro, obwohl nur 2.019,92 Euro auf dem Konto des Mitarbeiters ankommen.

Man sieht also, dass die Sozialversicherungsbeiträge oft mehr ausmachen als die Steuern. Ausgezahlt auf das Konto werden dann 2.019,92 netto von den 3.000 Euro brutto.

Leider gibt es keine private „Sozialversicherungsbeiträge-Erklärung", um sich diese gegebenenfalls wieder zurückzuholen; das geht nur bei den Steuern vermittels einer Steuererklärung.

Was man bei der Sozialversicherung aber machen kann, das ist, sich eine Krankenversicherung mit einem geringen Zusatzbeitrag, wie zum Beispiel die hkk (Handelskrankenkasse), zu suchen, sodass weniger Krankenversicherungsbeiträge abgezogen werden. Hiervon profitiert übrigens auch der Arbeitgeber, weil sich die Arbeitgeberbeiträge natürlich auch reduzieren.

Wenn man eine Million Euro verdient und versteuern muss, zahlt man auf die weiteren zusätzlichen Euros auch noch 45 Prozent Lohnsteuer + Soli. Bei den Sozialversicherungsbeiträgen ist aber irgendwann Schluss. Es gibt es bei den Sozialversicherungsbeiträgen die sogenannte Beitragsbemessungsgrenze. Erreicht man diese, entrichtet man nur auf diesen Maximalbetrag seine Sozialversicherungsbeiträge. So zahlen Fußballprofis zwar sehr hohe Steuern, aber im Verhältnis dazu sehr geringe Sozialversicherungsbeiträge.

Die Beitragsbemessungsgrenze beträgt 2022 in der allgemeinen Rentenversicherung und der Arbeitslosenversicherung im Westen 7.050 Euro und im Osten 6.750 Euro pro Monat. In der gesetzlichen Krankenversicherung sind es 4.837,50 Euro pro Monat. Sobald diese Grenzen überschritten sind, fallen keine weiteren Sozialversicherungsbeiträge mehr an.

 **ESPRESSO-TIPP:**

Verdient ein Angestellter mehr als
64.350 Euro pro Jahr, kann er in die
private Krankenversicherung wechseln,
was oft zu niedrigeren Beiträgen führt.

Beamte zahlen übrigens dieselben Steuern. Mehr ausgezahlt bekommen sie, weil für Beamte die Sozialversicherungsbeiträge nicht gelten. Dafür müssen sich die Staatsdiener aber selbst krankenversichern.

Kirchensteuer

Zudem kann es sein, dass beim Gehalt/Lohn noch zusätzlich Kirchensteuer abgezogen wird, wenn eine Mitgliedschaft in einer christlichen Kirchengemeinschaft vorliegt. Die Kirchenmitgliedschaft wird durch den Akt der Taufe begründet. Die Kirchensteuerpflicht entsteht mit Beginn des Monats, der auf die Begründung der Kirchenzugehörigkeit folgt, normalerweise merkt man die Kirchensteuer aber frühestens in der Ausbildung, wenn man Lohnsteuer bezahlt.

Der Steuersatz beträgt in Bayern und in Baden-Württemberg 8 Prozent und in allen anderen Bundesländern 9 Prozent.

Man zahlt hierbei allerdings keine 8 bzw. 9 Prozent vom Bruttogehalt, sondern nur 8 bzw. 9 Prozent von der zu entrichtenden Einkommensteuer.

Um bei unserem Beispiel zu bleiben: Bruttogehalt 3.000 Euro im Monat, Lohnsteuer 373,33 Euro, davon dann 9 Prozent = 33,60 Euro im Monat Kirchensteuer.

Die gezahlte Kirchensteuer ist übrigens in den meisten Fällen im Rahmen der Veranlagung zur Einkommensteuer als Sonderausgabe abzugsfähig. Nicht nur bei der Lohn- bzw. Einkommensteuer wird aber zusätzlich Kirchensteuer erhoben, sondern auch bei der Kapitalertragsteuer, wenn man zum Beispiel Aktien mit Gewinn verkauft (dazu später mehr).

Die Kirchensteuerpflicht endet durch Tod oder Aufgabe des Wohnsitzes bzw. gewöhnlichen Aufenthalts in Deutschland. Sie endet außerdem durch Kirchenaustritt, der je nach Landeskirchensteuergesetz gegenüber dem Amtsgericht, dem Notar oder Standesbeamten, der Meldebehörde oder gegenüber der Religionsgemeinschaft zu erklären ist.

In manchen Bundesländern kostet der Kirchenaustritt nichts (Brandenburg und Berlin), in manchen Städten in Baden-Württemberg hingegen bis zu 60 Euro. Steuerliche Wirkung entfaltet der Kirchenaustritt mit Ablauf des Monats, in dem der Austritt erklärt wurde („zum nächsten Ersten"). Wenn man also zum Beispiel am 3. November austritt, muss man im Dezember darauf keine Kirchensteuer mehr zahlen.

WAS KOSTE ICH DEN ARBEITGEBER?

Wenn man beispielsweise 3.000 Euro im Monat als Bruttogehalt von seinem Arbeitgeber bekommt, kostet das den Arbeitgeber effektiv mehr als 3.000 Euro, denn er muss auch die Arbeitgeberbeiträge für die Sozialversicherung bezahlen. Diese sind im Grund genauso hoch wie die des Arbeitnehmers.

Bleiben wir beim Beispiel mit den 3.000 Euro brutto im Monat:

» Rentenversicherung: 279,00 Euro (9,3 Prozent)
» Arbeitslosenversicherung 36,00 Euro (1,2 Prozent)
» Krankenversicherung 235,50 Euro (7,3 Prozent + Individueller Zusatzbeitrag der Krankenkasse, hier 0,55 Prozent für den Arbeitgeber)
» Pflegeversicherung 45,75 Euro (1,525 Prozent)

Der Unterschied in Bezug auf die Arbeitnehmer- und Arbeitgeberbeiträge für die Pflegeversicherung ist hier darauf zurückzuführen, dass Arbeitgeber keinen Zuschlagsatz zahlen, wenn Arbeitnehmer keine Kinder haben.

Die Summe, die der Arbeitgeber für seinen Arbeitnehmer bei einem Bruttogehalt von 3.000 Euro aufbringen muss, liegt somit bei 3.596,25 Euro. Dazu kommt noch der Beitrag für die Unfallversicherung des Arbeitnehmers; dieser muss an die Berufsgenossenschaft gezahlt werden, die Beiträge sind je nach Branche/Berufsgenossenschaft unterschiedlich.

Außerdem kommen die Umlagen U1-U3 hinzu. Die Umlage U1 regelt die Erstattungen für Arbeitgeber im Falle einer Lohnfortzahlung des Arbeitgebers an einen Arbeitnehmer bei Krankheit in den ersten sechs Wochen. Die Umlage U2 betrifft den Fall der Mutterschaft. Und die Umlage U3 regelt die Lohnfortzahlung im Insolvenzfall des Arbeitgebers.

Die Höhe hängt von der jeweiligen Krankenkasse ab. Um aber einmal ein Gefühl zu bekommen, hier wieder das Beispiel mit dem Arbeitnehmer, der 3.000 Euro brutto verdient:

» Umlagesatz für U1: 57,00 Euro (1,9 Prozent)
» Umlagesatz für U2: 14,10 Euro (0,47 Prozent)
» Insolvenzgeld-Umlagesatz U3: 1,80 Euro (0,06 Prozent).

Die monatlichen Umlagekosten betragen also nochmals 72,90 Euro. Der Arbeitnehmer kostet den Arbeitgeber insgesamt also knapp 3.700 Euro, obwohl nur 2.019,92 Euro auf dem Konto des Mitarbeiters ankommen.

Bei einem Minijob, zum Beispiel bei 520 Euro im Monat, liegen die Kosten des Arbeitgebers ebenfalls höher als diese 520 Euro. Damit der Arbeitnehmer keine Steuern zahlen muss, übernimmt der Arbeitgeber im Regelfall eine Pauschalsteuer in Höhe von 2 Prozent, also in diesem Fall 10,40 Euro, und dann noch mal etwa 150 Euro Sozialabgaben, was eine zusätzliche Belastung von insgesamt etwa 160 Euro ausmacht.[1]

 **ESPRESSO-TIPP:**

Die Kosten eines Minijobbers kann man mit dem Minijob-Rechner auf *www.minijob-zentrale.de* ausrechnen.

LOHNT SICH EINE GEHALTSERHÖHUNG IRGENDWANN WIRKLICH NICHT MEHR?

Manche glauben, dass sich eine Gehaltserhöhung ab einem gewissen Punkt nicht mehr lohne. Doch warum herrscht dieser Irrglaube vor? Vermutlich, weil man als Angestellter relativ schnell in den Spitzensteuersatz von 42 Prozent rutscht, nämlich schon bei einem zu versteuernden Einkommen von 58.597 Euro im Jahr. Mancher glaubt nun (wie an früherer Stelle bereits kurz angesprochen), wenn man diese Schwelle erreiche, zahle man auf den gesamten Betrag seiner Einkünfte diese 42 Prozent Steuern. Den Spitzensteuersatz zahlt man aber auf die ersten 58.596 Euro nicht, auch wenn man 80.000 oder 120.000 Euro pro Jahr verdient. Und auch die Sozialversicherungsbeiträge sind, wie schon beschrieben, gedeckelt.

Ein Beispiel: Nehmen wir an, jemand verdient schon sehr gut und bekommt nun eine Gehaltserhöhung von 9.000 Euro auf 10.000 Euro im Monat zuerkannt, dann bleiben von diesen 1.000 Euro zwar nur etwa 550 Euro übrig, das ist aber in Summe immer noch deutlich mehr als ohne Gehaltserhöhung. Eine Gehaltserhöhung lohnt sich für den Arbeitnehmer also immer.

Übrigens: Auf 2.028 Euro beläuft sich das monatliche mittlere Nettoeinkommen in Deutschland. Verdient man darüber, kann man sich schon zur oberen Hälfte zählen. Bei mehr als 3.700 Euro netto im Monat zählt man als Single bereits zu den oberen 10 Prozent, was das Einkommen angeht.[2]

DIE STEUERERKLÄRUNG

| WAS IST EINE STEUERERKLÄRUNG?

Eine Steuererklärung ist die Erklärung einer steuerpflichtigen Person über ihre Einkommens-, Umsatz- oder Vermögensverhältnisse bzw. über andere für eine Steuer relevante Tatsachen. Die typische Steuererklärung, die man meistens meint, wenn man über *die* Steuererklärung spricht, ist die Einkommensteuererklärung. Die soll auch Thema in den nächsten Kapiteln sein.

Eine Einkommensteuererklärung legt gegenüber dem Finanzamt die Einkünfte offen, über die man verfügt. Wenn man nur Einkünfte aus seinem Job hat, also nichtselbstständige Einkünfte, führt der Arbeitgeber in der Regel monatlich die Lohnsteuer ans Finanzamt ab. Hat man aber weitere Einkünfte, vermietet beispielsweise noch eine Wohnung, weiß das Finanzamt nicht, wie viel man dadurch verdient hat. Dann muss man die Ermittlung der Einkünfte selbst machen und dem Finanzamt gegenüber offenlegen, wie viel man damit eingenommen hat und entsprechend versteuern muss.

MUSS ICH EINE STEUERERKLÄRUNG MACHEN?

Der klassische Steuerzahler befindet sich in Steuerklasse 1 und hat keine weiteren Einkünfte zusätzlich zu seinem Job. Wenn auch ansonsten keine Besonderheiten vorliegen, muss man auch keine Steuererklärung abgeben. Viele Millionen Deutsche müssen demnach also keine Steuererklärung machen.

Ein typischer Fall, in dem man als „ganz normaler" Arbeitnehmer dennoch eine Steuererklärung abgeben muss, ist, wenn Einkünfte von mehr als 410 Euro pro Jahr bestehen, die dem Progressionsvorbehalt unterliegen. Dazu gehören:

» Arbeitslosengeld I
» Elterngeld
» Mutterschaftsgeld und Zuschuss zum Mutterschaftsgeld
» Kurzarbeitergeld (inklusive Aufstockungsbeträge)
» Insolvenzgeld
» Übergangsgeld für Menschen mit Behinderung
» Krankengeld bzw. Kinderkrankengeld
» Verletztengeld
» Entschädigungen für Verdienstausfall nach dem Infektionsschutzgesetz
» Aufstockungsbeträge bei Altersteilzeit
» bestimmte im Ausland erzielte Einkünfte.

Angenommen, man bezieht als Arbeitnehmer im Jahr 2022 über 410 Euro Kurzarbeitergeld. Dann muss man im Jahr 2023 eine Steuererklärung für das Jahr 2022 abgeben.

Diese Progressionseinkünfte können dazu führen, dass man als Arbeitnehmer Steuern nachzahlen muss. Wie viel das gegebenenfalls sein können, lässt sich am besten über die eigene Steuererklärung errechnen.

Und auch wenn mehr als 410 Euro aus anderen Einkünften (wie etwa gewerbliche Einkünfte) hinzukommen, muss man eine Steuererklärung abgeben. Obligatorisch ist sie zudem, wenn man bei mehr als einem Arbeitgeber beschäftigt ist (Minijobs, bei denen der Arbeitgeber die Steuer übernimmt, zählen hierbei jedoch nicht dazu).

Des Weiteren kommt man nicht um eine Steuererklärung herum, wenn man verheiratet ist, beide Partner arbeiten und die Steuerklassenkombination 3 und 5 bzw. 4 mit Faktor gewählt wurde. Haben hingegen beide Eheleute die Steuerklasse 4, muss man keine Steuererklärung abgeben.

Hat man einen Antrag auf Lohnsteuer-Ermäßigung gestellt (siehe die Ausführungen an späterer Stelle), muss man ebenfalls eine Steuererklärung abgeben. Und außerdem, wenn man eine Entschädigungszahlung (zum Beispiel eine Abfindung) oder eine Einmalzahlung als Vergütung für eine mehrjährige Tätigkeit bekommen hat, die ermäßigt besteuert wurde. Gleiches gilt, wenn man einen Verlustvortrag aus den Vorjahren hat bzw. Kapitalerträge, auf die noch keine Abgeltungsteuer abgeführt wurde – oder eben einfach, wenn man vom Finanzamt dazu aufgefordert wird.

Das sind die häufigsten Gründe, warum man auch als „klassischer" Arbeitnehmer eine Steuererklärung abgeben muss.

Ist man jedoch Unternehmer und nicht angestellt, muss man auch als Kleinunternehmer jedes Jahr eine Steuererklärung machen. Und ebenso, wenn man eine Wohnung oder ein Haus vermietet oder auch wenn man innerhalb eines Jahres Gewinne mit Kryptowährungen verbuchen kann.[3]

WARUM SOLLTE ICH EINE STEUERERKLÄRUNG MACHEN?

Aus meiner Sicht sollten allerdings auch diejenigen, die keine Steuererklärung machen müssen, eine solche abgeben.

Man fragt sich, warum nicht einfach JEDER eine Steuererklärung abliefern muss? Das ist zwar nicht der offizielle Grund, aber der Staat spart jährlich de facto Milliarden an Euro, weil Millionen Deutsche sich nicht um ihre Steuererklärung kümmern.

Der Hintergrund: Die durchschnittliche Rückerstattung beträgt laut Statistischem Bundesamt 1.051 Euro bei Bürgern, die zwar keine Steuererklärung machen müssen, aber trotzdem eine abgeben.

Sicherlich bekommt nicht jeder 1.051 Euro zurück, das ist ein Durchschnittswert. Aber trotzdem schenken sehr viele dem Staat ohne Not jedes Jahr Geld. Das war im Übrigen auch eine Motivation, um dieses Buch zu schreiben: Menschen dazu zu ermutigen, sich um ihre Steuern zu kümmern. Eine Steuererklärung zu machen dauert nicht sonderlich lange, bei einfachen Steuererklärungen manchmal keine 30 Minuten. Selten bekommt man im Arbeitsleben, auf die Stunde umgerechnet, so eine gute Entlohnung.

EINMAL STEUERERKLÄRUNG, IMMER STEUERERKLÄRUNG?

Es besteht der Mythos, dass man immer eine Steuererklärung abgeben müsse, wenn man einmal angefangen habe, freiwillig eine zu machen. Und das hemmt viele, überhaupt damit anzufangen.

Aber keine Sorge, wenn man freiwillig abgeben darf, muss man im Umkehrschluss eben gerade keine Steuererklärung machen!

Es kann natürlich immer sein, dass sich etwas an der persönlichen Situation verändert, sodass man eine Steuererklärung machen muss.

Schickt einen beispielsweise der Arbeitgeber in Kurzarbeit und erhält man deswegen mehr als 410 Euro Kurzarbeitergeld. Fällt dieser Grund wieder weg, muss man auch keine mehr machen.

Und wie schon ausgeführt, sollte man trotzdem eine Steuererklärung machen, auch wenn man das gar nicht müsste! Denn dann ist die Chance am größten, Geld zurückzubekommen. Nur weil man in einem Jahr verpflichtet war, eine Steuererklärung zu machen und eventuell nachzahlen musste, bedeutet das nicht automatisch, dass man im darauffolgenden Jahr nicht etwas zurückbekommt.

STEUERERKLÄRUNG, OHNE LOHNSTEUER GEZAHLT ZU HABEN?

Zu viel gezahlte Lohnsteuer zurückzubekommen ist häufig die Hauptmotivation, sich an die Steuererklärung zu setzen.

Es gibt aber auch gute Gründe dafür, wenn man keine Lohnsteuer gezahlt hat. Einer ist, unter anderem, die Arbeitnehmer-Sparzulage bei den Vermögenswirksamen Leistungen zu erhalten: Diese beantragt man nämlich über die Steuererklärung. Der Arbeitgeber zahlt einem zum Beispiel in der Ausbildung 40 Euro pro Monat an Vermögenswirksamen Leistungen, und man bekommt dann bei Bausparverträgen 9 Prozent (maximal 43 Euro) beziehungsweise bei Aktienfonds 20 Prozent (maximal 80 Euro) als Arbeitnehmer-Sparzulage. Dazu muss man im Hauptvordruck ESt 1A, dem sogenannten Mantelbogen (was das ist, dazu später mehr), das Kreuzchen bei „Festsetzung der Arbeitnehmer-Sparzulage" setzen.[4]

Außerdem lohnt sich eine Steuererklärung, wenn man noch keine Lohnsteuer bezahlt, aber schon Kapitalerträge, zum Beispiel Aktiengewinne, von über 801 Euro im Jahr erwirtschaftet. Diese muss man nicht mit der Kapitalertragsteuer von 25 Prozent, sondern kann sie mit seinem persönlichen Steuersatz versteuern. Da dieser bis 17.000 Euro im Jahr unter 25 Prozent liegt, lohnt sich hier das Häkchen bei „Ich beantrage die Günstigerprüfung für sämtliche Kapitalerträge" auf der ersten Seite der Anlage KAP. In diesem Fall kann es also schon als Schüler Sinn machen, eine Steuererklärung abzugeben. Darauf komme ich später noch zurück.[3]

 **ESPRESSO-TIPP:**

Schon als Schüler kann es sich lohnen, eine Steuererklärung zu machen, wenn man Aktien-gewinne von mehr als 801 Euro erwirtschaftet.

Ein weiterer wichtiger Punkt, der für eine Steuererklärung, auch ohne Lohnsteuer gezahlt zu haben, spricht, sind Verlustvorträge, die insbesondere in der zweiten Ausbildung und Studium vorkommen.[5]

Und seit der Steuererklärung 2021 gibt es noch einen weiteren Grund für Menschen mit einem langen Anfahrtsweg zur Arbeit: die Mobilitätsprämie. Wer mehr als 20 Kilometer zur Arbeit fährt und aufgrund seines geringen Einkommens noch keine Steuern zahlt (zum Beispiel Azubis), kann zusammen mit der Steuererklärung die Anlage Mobilitätsprämie ausfüllen.

Normalerweise würde sich die erhöhte Entfernungspauschale für Fahrtkosten ab dem 21. Kilometer (35 Cent im Jahr 2021) für Geringverdiener, die keine Steuern zahlen, nicht auswirken. Die sogenannte Mobilitätsprämie ändert das jedoch. Sie beträgt 14 Prozent der Entfernungspauschale. Diese bildet die Bemessungsgrundlage. Die Bemessungsgrundlage muss über dem Arbeitnehmer-Pauschbetrag liegen, wird aber gegebenenfalls gekürzt, wenn man zu nah am Grundfreibetrag verdient.

Ein Beispiel: Ein Azubi fuhr 2021 an 180 Arbeitstagen im Jahr an seine erste Tätigkeitsstätte, die 35 Kilometer von seiner Wohnung entfernt lag.

Als Werbungskosten hierfür sind abzugsfähig:

180 Tage × 20 Kilometer × 0,30 Euro/km = 1.080 Euro

180 Tage × 15 Kilometer × 0,38 Euro/km = 1.026 Euro

Insgesamt: 2.025 Euro.

Die Mobilitätsprämie beträgt nun 14 Prozent von 1.026 Euro = 143,64 Euro.

Die Mobilitätsprämie wirkt sich nicht aus, wenn man weniger als 10 Euro bekommen würde. Außerdem nicht, wenn die Werbungskosten unter 1.200 Euro liegen.

Ist das zu versteuernde Einkommen nah am Grundfreibetrag von 10.347 Euro, wird die Mobilitätsprämie gekürzt. Hat man zum Beispiel ein zu versteuerndes Einkommen von 10.000 Euro im Jahr, dann gibt es die Mobilitätsprämie nur noch bis zum Differenzbetrag von 347 Euro × 14 Prozent, d. h. 48,58 Euro anstatt 143,64 Euro.

LOHNT SICH EINE STEUERERKLÄRUNG ALS AZUBI/STUDENT?

Der Lieblingssatz im Steuerrecht lautet wohl: „Es kommt drauf an …“ Im vorigen Kapital haben wir gelernt, dass es sich auch lohnen kann, eine Steuererklärung abzugeben, selbst wenn man gar keine Steuern gezahlt hat.

Es gibt aber auch die Möglichkeit eines Verlustvortrags, das bedeutet, einfach gesagt: Man hat höhere Kosten (Fahrtkosten etc.) als Einnahmen. Doch in welchen Fällen kann man einen solchen Verlustvortrag durchführen und in welchen nicht?

In einem Dienstverhältnis mit einem Arbeitgeber kann man einen Verlustvortrag schon während der ersten Ausbildung geltend machen, wenn dabei Geld verdient wird. Dann darf man seine anfallenden Kosten in unbegrenzter Höhe in der Anlage N der Steuererklärung als Werbungskosten eintragen.

Wenn man keine duale Ausbildung bei einem Arbeitgeber absolviert, also außerhalb eines Dienstverhältnisses steht, kann man in dieser Erstausbildung nur maximal 6.000 Euro an Kosten als Sonderausgaben geltend machen und auch keinen Verlustvortrag vornehmen.[6]

Was in der Ausbildung gilt, gilt auch für das Bachelorstudium. Handelt es sich um ein duales Studium, besteht eine Zusammenarbeit mit einem Arbeitgeber, befindet man sich also in einem sogenannten Dienstverhältnis, können die angefallenen Kosten in unbegrenzter Höhe in der Anlage N der Steuererklärung als Werbungskosten eingetragen werden; somit ist ein Verlustvortrag möglich.

Bei einem „normalen" Erststudium, Bachelorstudium oder Staatsexamen ohne Arbeitgeber kann man im Regelfall nur bis zu maximal 6.000 Euro an Sonderausgaben ansetzen und auch keinen Verlustvortrag vornehmen. Ausnahmen gibt es hierbei, wenn man davor bereits eine Berufsausbildung mit einer Mindestdauer von zwölf Monaten (Vollzeit) mit einer Abschlussprüfung abgeschlossen hat und man sich in der sogenannten Zweitausbildung befindet. Hier sollte man mit dem Finanzamt allerdings abklären, ob man sich trotz einer vorhergehenden Ausbildung nicht doch noch in einer einheitlichen Erstausbildung befindet. Dann kann man nämlich im Bachelorstudium keine Verlustvorträge geltend machen.

Bei einem Masterstudium kann man im Regelfall auch ohne Arbeitgeber Werbungskosten ansetzen und somit auch einen Verlustvortrag geltend machen. Ausnahmen gelten, wenn es zeitlich und inhaltlich auf das vorausgegangene Bachelorstudium abgestimmt ist und das Berufsziel erst über den Masterstudiengang bzw. das zweite Staatsexamen erreicht werden kann.

Hat man keine oder geringe Einkünfte und kann man einen Verlustvortrag geltend machen, mindert dieser das zu versteuernde Einkommen in den Folgejahren.

Ein Beispiel: Eine Studentin absolviert ein Masterstudium als Zweitausbildung und verdient in dieser Zeit nichts, hat aber Kosten durch ihr Studium in Höhe von 10.000 Euro.

Sie macht nun über die Steuererklärung einen Verlustvortrag geltend. Dazu setzt sie im Hauptvordruck ESt 1 A oben auf der ersten Seite das Kreuzchen bei „Erklärung zur Feststellung des verbleibenden Verlustvortrags".

Ein Jahr später hat sie einen guten Job und verdient 80.000 Euro im Jahr. Dadurch, dass sie in ihrem Masterstudium eine Steuererklärung abgegeben hat, spart sie 4.200 Euro Steuern in ihrem ersten berufstätigen Jahr, obwohl sie im Masterstudium keine Steuern gezahlt hat.

AB/BIS WANN KANN ICH EINE STEUER-ERKLÄRUNG ABGEBEN?

Im aktuellen Jahr, also zum Beispiel 2022, kann man noch keine Steuererklärung für 2022 abgeben. Das geht erst, wenn das Kalenderjahr vorbei ist. Im Jahr 2022 gibt man also seine Steuererklärung 2021 ab. Es ist zudem möglich, auch vier Jahre rückwirkend noch seine Steuererklärung zu machen, also etwa bis zum 31.12.2022 noch für das Jahr 2018.[7]

Anders sieht es aus, wenn man abgeben *muss*, dann kommt es darauf an, ob man einen Steuerberater hat oder nicht.

Hat man keinen Steuerberater (und macht man die Steuererklärung nicht über einen Lohnsteuerhilfeverein), muss man schon im Folgejahr abgeben, also zum Beispiel für 2021 zum 31.10.2022. Wickelt man alles über einen Steuerberater ab oder macht die Steuererklärung über einen Lohnsteuerhilfeverein, hat man für die Steuererklärung 2021 bis zum 30.08.2023 Zeit.

Aufgrund der Coronakrise wurden die Abgabefristen allerdings verlängert. Normalerweise gilt ohne Steuerberater oder Lohnsteuerhilfeverein das Datum 31.07. des Folgejahres und mit Steuerberater oder Lohnsteuerhilfeverein der 28.02. des darauffolgenden Jahres.[8]

WAS PASSIERT, WENN ICH DIE STEUERERKLÄRUNG NICHT ABGEBE, OBWOHL ICH MÜSSTE?

Wenn man eine Steuererklärung nicht abgibt, obwohl man eine abgeben müsste, kann das Finanzamt einen Verspätungszuschlag festsetzen. Das gilt auch, wenn man die Steuererklärung nicht innerhalb von 14 Monaten nach Ablauf des Besteuerungsjahres abgibt.

Der Verspätungszuschlag beträgt 0,25 Prozent der festgesetzten Steuer, mindestens aber 25 Euro pro verspäteten Monat. Maximal jedoch 25.000 Euro.[9] Das Finanzamt kann außerdem ein Zwangsgeld in Höhe von bis zu 25.000 Euro einfordern.[10] In Ausnahmefällen gibt es zudem eine Ersatzzwangshaft sowie ein strafrechtliches Verfahren wegen Steuerhinterziehung. Wer seine Steuernachzahlung zu spät entrichtet, muss außerdem mit einem Säumniszuschlag rechnen. Für jeden angefangenen Monat, den man später bezahlt, beträgt dieser ein Prozent des auf den nächsten durch 50 Euro abgerundeten Steuerbetrages.[11]

In der Regel wird man aber erst einmal daran erinnert, dass man seine Steuererklärung doch abgeben solle. Ist man jedoch stur und ignoriert alle Aufforderungen, schätzt das Finanzamt irgendwann, wie viel Steuern man zahlen muss. Das sollte man unbedingt vermeiden, denn dann kann es dazu kommen, dass man viel mehr Steuern zahlt, als man eigentlich müsste.[12]

Außerdem werden Steuerforderungen verzinst. Und zwar 15 Monate nach Ablauf des Kalenderjahres, in dem die Steuer angefallen ist. Mit Blick auf die Steuererklärung 2020 wird also seit dem 01.04.2022 mit 1,8 Prozent p. a. verzinst.[13]

Funfact: Darf man freiwillig eine Steuererklärung abgeben und erwartet eine Erstattung, kann man diese extra spät einreichen, um im Gegensatz zur Bank vom Finanzamt noch Zinsen zu bekommen. Die Verzinsung gilt nämlich in beide Richtungen, sowohl für Steuernachzahlungen als auch für Steuererstattungen. Das hat sich früher aber mehr gelohnt, als es noch 6 Prozent Zinsen gab.

WIE LANGE MUSS ICH MEINE BELEGE AUFBEWAHREN?

Man muss zwar keine Belege mehr zusammen mit der Steuererklärung ans Finanzamt schicken, wenn dieses aber nachfragt, hat man die Belege, wie zum Beispiel eine Spendenbescheinigung, nachzureichen. Allgemeine Unterlagen /Belege sind sechs Jahre lang aufzubewahren. Haben die Belege jedoch eine Buchfunktion oder dienen sie als Buchungsgrundlage, so beträgt die Aufbewahrungsfrist zehn Jahre. Das ist zum Beispiel der Fall, wenn man ein Gewerbe hat und über einen Lieferanten eine Rechnung erhält.[14]

PRIVATRECHNUNG?

Was ist aber, wenn man über eBay-Kleinanzeigen etwas kauft, das man von der Steuer absetzen kann? Dann darf der Verkäufer eine

Privatrechnung ausstellen, ohne dass der Verkäufer Angst haben muss, dass er deshalb etwas versteuern muss.

Eine Privatrechnung sollte grundsätzlich folgende Elemente enthalten:

» Name und Anschrift des Verkäufers
» Name und Anschrift des Käufers
» Zeitpunkt des Verkaufs
» Ausstellungsdatum der Rechnung
» Menge und Beschreibung der Ware
» Hinweis: „Privatverkauf"

Der private Verkäufer darf keine Umsatzsteuer ausweisen, man sollte also nicht einfach eine Rechnung eines Unternehmens als Vorlage nutzen und kopieren.

Sollte man keinen Beleg vom Privatverkäufer erhalten, kann man sich auch als letzten Ausweg einen Eigenbeleg erstellen mit den entsprechenden Angaben und dem besagten Hinweis „Eigenbeleg". Und wenn man schlüssig nachweisen kann, dass die Aufwendungen tatsächlich erfolgt sind, muss das Finanzamt diesen Eigenbeleg akzeptieren.

BRAUCHE ICH EINEN STEUERBERATER?

Ob man einen Steuerberater braucht oder nicht, kann man nicht pauschal beantworten. Es kommt darauf an, wie komplex die eigene Steuererklärung ist (und ob man Lust hat, sich selbst darum zu kümmern). Als Angestellter mit einer einfachen Steuererklärung ohne weitere Einkünfte außerhalb des Jobs braucht man aus meiner Sicht keinen Steuerberater. Da kann man die Steuererklärung entweder über das offizielle kostenlose Portal *www.elster.de* machen oder eine der Steuer-Apps verwenden. Die Steuer-Apps kosten zwar etwas, man spart sich dadurch aber auch Zeit (und Nerven).

Anders sieht es aus, wenn man ein Gewerbe betreibt oder eine Immobilie besitzt. Da ist es schon aufwendiger, die Steuererklärung zu erstellen, und es gibt auch mehr zu beachten. Insbesondere, wenn man eine Kapitalgesellschaft (zum Beispiel eine GmbH) hat, sollte man einen Steuerberater hinzuziehen. Dabei geht es nicht nur darum, die richtigen Formulare korrekt auszufüllen und abzugeben, sondern auch schon davor, steuerlich und unternehmerisch zu planen. Denn manche Entscheidungen kann man steuerlich nicht rückgängig machen, und gerade, wenn die Einkünfte höher werden und aus mehreren Quellen kommen, schadet eine Beratung auf jeden Fall nicht.

WORAN ERKENNE ICH EINEN GUTEN STEUERBERATER?

Das Steuerrecht ist in Deutschland sehr komplex. Während jeder Steuerberater eine einfache Steuererklärung hinbekommt, finden sich Spezialisten für jedes Spezialgebiet. So gibt es Berater, die nahezu alles über Einkünfte aus der Land- und Forstwirtschaft wissen, andere wissen vielleicht steuerlich weniger als der Landwirt, der zu ihnen kommt.

Man sollte also schauen, auf was sich der Steuerberater spezialisiert hat.

 **ESPRESSO-TIPP:**

Nicht jeder Steuerberater passt zu einem.
Bei der Suche lohnt es sich, genau zu
prüfen, welcher Steuerexperte das eigene
Tätigkeitsfeld am besten kennt.

Hier kann man einerseits auf der Homepage nachforschen, noch besser ist es aber, jemanden in einer ähnlichen Situation wie man selbst zu fragen, ob er oder sie einen Berater empfehlen kann.

Es kommt heutzutage auf mehr an als auf die reine steuerliche Beratung. Wenn der Steuerberater es beispielsweise nicht richtig hinbekommt, die Daten aus den Computersystemen des Mandanten an die Kanzlei zu übermitteln, bringt mitunter die beste Beratung nichts. Steuerberater werden immer mehr zu Digitalisierungsberatern. Gut geschulte Mitarbeiter in IT-Themen sind in der Steuerkanzlei mittlerweile genauso wichtig wie ein fachlich gut ausgebildeter Chef.

Ein guter Steuerberater kann sich im Übrigen auch zu einem schlechten Steuerberater entwickeln. Das muss auch nicht zwingend daran liegen, dass er die aktuellen fachlichen Entwicklungen nicht mehr verfolgt, sondern kann vorkommen, wenn die Anzahl der Mandanten zunimmt und somit weniger Zeit für eine proaktive Beratung bleibt.

Viele Steuerberater haben zu viele Mandanten, aber andererseits wollen die Mandanten oft auch die Honorare der Steuerberater nicht bezahlen. Ich sehe da letztlich nur den Ausweg der fortschreitenden technischen Optimierung oder einer radikalen Vereinfachung des Steuersystems. An Letzteres glaube ich allerdings nicht wirklich. Der Bundesfinanzminister übrigens auch nicht, wie er mir in einem Instagram-Livestream im Juli 2022 verraten hat.

Wenn man einmal einen guten Steuerberater gefunden hat, der Zeit für einen mitbringt, sollte man der Kanzlei auf jeden Fall treu bleiben.

WIE LANGE BRAUCHT DAS FINANZAMT, BIS MEI-NE STEUERERKLÄRUNG BEARBEITET IST?

Meistens starten die Finanzämter erst ab März mit den Steuererklärungen für das vergangene Jahr. Gibt man also im Januar ab, muss man meistens schon einmal zwei Monate warten, bis die Erklärung bearbeitet wird. Es kann aber auch – je nach Umfang der Steuererklärung und wann sie eingereicht wurde – sein, dass das Finanzamt sie in wenigen Tagen bearbeitet.

Im Durchschnitt hält man den Steuerbescheid, auf dem man sieht, wie viel man gegebenenfalls nachzahlen muss oder erstattet bekommt, nach etwa acht Wochen in Händen. In Berlin ging es vergangenes Jahr besonders schnell. Im Durchschnitt brauchten die Finanzbeamten nur 37 Tage. Hat man zugestimmt, den Steuerbescheid elektronisch zu erhalten, wird einem dieser über *www.elster.de* elektronisch zugestellt.

Wenn es einem zu lange dauert und über sechs Monate verstreichen, kann man einen Untätigkeitseinspruch einlegen. Das geht jedoch nur, wenn man freiwillig eine Steuererklärung abgibt. Bevor man das macht, sollte man jedoch beim Sachbearbeiter des Finanzamts anrufen und freundlich nachfragen. Hilft dann alles nichts, kann man nach dem Untätigkeitseinspruch beim Finanzamt zudem auch eine Untätigkeitsklage beim Finanzgericht einlegen. Das ist meist aber natürlich nicht nötig.[15]

 **ESPRESSO-TIPP:**

Mit dem Finanzamt-Finder auf *www.bzst.de* findet man leicht heraus, welches Finanzamt für einen zuständig ist.

VERGESSEN, ETWAS ANZUGEBEN?

Hat man vergessen, etwas in seiner Steuererklärung anzugeben, und ist diese schon beim Finanzamt eingereicht, kann man, sofern noch kein Steuerbescheid erlassen wurde, diese mit den korrigierten Angaben elektronisch erneut abgeben.

Bemerkt man das Versäumnis erst, wenn der Steuerbescheid vom Finanzamt bereits da ist, dann ist Eile geboten. Die Einspruchsfrist beträgt nämlich nur einen Monat.

Die Einspruchsfrist berechnet sich auf eine relativ spezielle Art und Weise:

Nehmen wir an, man erhält am 14.11.2022 den Steuerbescheid. Dann rechnet man drei Werktage dazu, so sind wir beim 17.11.2022 – und darauf dann noch einmal einen Monat, das ergibt als Stichtag den 17.12.2022. Wenn dieser Termin, wie hier, auf ein Wochenende fällt, endet die Frist am nächsten Werktag (dem 19.12.2022, einem Montag).

Man hat nun zwei Möglichkeiten:
1. Einen Antrag auf schlichte Änderung stellen. Hier schaut sich der Sachbearbeiter nur die neu eingereichten Angaben an. Eine Änderung zuungunsten des Steuerpflichtigen ist nicht möglich.[16]
2. Einspruch einlegen. Das ist die häufigere Variante, jedoch auch die risikoreichere. Dabei kann die gesamte Steuererklärung nochmals geprüft werden. Wenn es schlecht läuft, findet der Finanzbeamte noch etwas. In der Regel sollte man davor aber keine Angst haben.

Angst sollte man nur davor haben, die Einspruchsfrist von einem Monat zu verpassen. Dann wird es schwer, noch einmal etwas zu ändern – aber auch hier gibt es Möglichkeiten:

1. Wenn man etwas Neues, das man bei Abgabe der Steuererklärung noch nicht wissen konnte, entdeckt und einen daran kein grobes Verschulden trifft, kann man einen Änderungsantrag aufgrund neuer Tatsachen stellen.[17] (Wenn man einfach etwas vergessen hat, geht das allerdings nicht.)
2. Man kann das Finanzamt überzeugen, dass man die ursprüngliche Einspruchsfrist unverschuldet versäumt hat. Das geht zum Beispiel, wenn man schwer krank und beispielsweise durch einen Krankenhausaufenthalt verhindert war. Dann kann man einen Antrag auf Wiedereinsetzung in den vorigen Stand stellen. Dieser muss spätestens einen Monat, nachdem der Hinderungsgrund weggefallen ist – also zum Beispiel der Rückkehr aus dem Krankenhaus –, eingereicht werden.[18]

Es ist hingegen nicht möglich, die vergessenen Ausgaben einfach in die Steuererklärung im nächsten Jahr zu packen. Es gilt hier das Zu- und Abflussprinzip: Die Ausgaben müssen in dem Jahr angesetzt werden, in dem sie bezahlt worden sind. Das heißt, wenn man 2021 etwas gekauft hat, muss man es auch in das entsprechende Formular der Steuererklärung 2021 eintragen.[19]

DIE STEUER- ERKLÄRUNG MACHEN

| PROGRAMME ODER ELSTER NUTZEN?

Hat man sich dazu entschieden, selbst eine Steuererklärung zu machen und diese nicht über einen Steuerberater oder einen Lohnsteuerhilfeverein abzuwickeln, muss man sich überlegen, wie man die Steuererklärung erledigen möchte.

Der offizielle und einzig kostenlose Weg ist es, seine Steuererklärung über das offizielle Portal *www.elster.de* zu machen. Elster ist ein Akronym, also eine Kurzform/Abkürzung, die ihrerseits ein bereits existierendes Wort ergibt, für „ELektronische STeuerERklärung". Das Finanzamt will also hier nicht unbedingt an den diebischen Vogel erinnern.

Das Onlineportal ist sehr umfassend, neben der privaten Einkommensteuererklärung kann man damit auch noch vieles andere erledigen, beispielsweise den steuerlichen Erfassungsbogen einer Kapitalgesellschaft einreichen. Auf den ersten Blick und wenn man sich als Neuling an seine Steuererklärung setzt, wirkt Elster etwas unübersichtlich und nicht unbedingt selbsterklärend. Weiß man aber, wie man sich registriert und welche Formulare für die Steuererklärung wichtig sind, kann man auch ohne große Vorkenntnisse seine Steuererklärung umsetzen.

Nachdem man die Steuererklärung zum ersten Mal mit Elster gemacht hat, sind die Erklärungen für die Folgejahre dann relativ einfach auszufüllen, da man die Formulare und Daten übernehmen kann und nur noch die Änderungen entsprechend eingeben muss.

Unabhängig von Elster gibt es auch einige externe Softwareanbieter, die mit verschiedensten Lösungen versuchen, die Steuererklärung für Kunden zu vereinfachen: Es gibt einerseits Software, die auf dem Rechner installiert werden muss, sowie andererseits browserbasierte Varianten und auch Apps. Vor allem die Apps fürs Smartphone sind leichter zu bedienen und um einiges einfacher als Elster. Der Nachteil der mobilen Apps ist, dass sie nicht alles abdecken können. Betreibt man zum Beispiel ein Nebengewerbe, sind die Apps raus. Ein weiterer Nachteil ist, dass sie, wie andere externe Software auch, Geld kosten. Andererseits muss man sagen, dass die Kosten im Vergleich zu einem Steuerberater, der mitunter mehrere Hundert Euro für eine einfache Steuererklärung nimmt, sehr gering sind. Außerdem ist zu bedenken, dass man mit einer App in etwa 20 Minuten seine Steuererklärung erledigt.

 **ESPRESSO-TIPP:**

Wenn man nur Einkünfte aus seinem Job hat, kann man mit ruhigem Gewissen eine App für die Steuererklärung nutzen.

Wer sich jedoch das Geld sparen will, dem wird in den nächsten Kapiteln ein Crashkurs in Elster gegeben.

| REGISTRIERUNG ELSTER

Ist man auf die Webseite des Online-Finanzamts *www.elster.de* gegangen, so kann man sich ein Benutzerkonto erstellen. Dazu benötigt man seine Steuer-ID.[20]
Die Steuer-ID findet man:

» auf der jährlichen Lohnsteuerbescheinigung
» dem letzten Steuerbescheid (wenn man schon einen bekam)
» dem Schreiben des Bundeszentralamts für Steuern (BZSt) bei der erstmaligen Vergabe einer Steuer-ID
» dem Schreiben des Finanzamts vom Oktober / November 2011 mit der Information über die gespeicherten elektronischen Lohnsteuerabzugsmerkmale (kurz: ELStAM).

Wenn man seine Steuer-ID nicht mehr findet, kann man sie notfalls unter *www.bzst.de* auch nochmals beantragen.
Kennt man seine Steuer-ID, hat man verschiedene Registrierungsoptionen. Elster empfiehlt die Zertifikatsdatei als beste Wahl. Dazu sendet einem das Finanzamt die Aktivierungsdaten per E-Mail zu. Außerdem bekommt man nach wenigen Tagen einen Aktivierungscode per Post.
Gibt man diese Aktivierungsdaten dann ein, erhält man die Zertifikatsdatei als Download. Danach kann man sich mit seiner Zertifikatsdatei problemlos einloggen.
Außerdem kann man sich mit seinem Personalausweis und einem NFC-fähigen Smartphone oder einem Kartenlesegerät einloggen. Das geht schneller, und man muss nicht auf den Brief vom Finanzamt warten.

Der Vollständigkeit halber sei erwähnt, dass es auch die Möglichkeit gibt, sich über einen Sicherheitsstick oder eine Signaturkarte einzuloggen. Das ist aber eher für Unternehmer bzw. Steuerberater interessant.

VORAUSGEFÜLLTE STEUERERKLÄRUNG BEANTRAGEN

Bei der Registrierung sollte man unbedingt die Zustimmung zum Abruf der Bescheinigungen nutzen.

Diese sogenannte vorausgefüllte Steuererklärung für Privatpersonen ist ein kostenloses Serviceangebot der Steuerverwaltung, das einem die Erstellung der Steuererklärung erleichtert. Außerdem weiß man dann, was auch das Finanzamt weiß.

Dazu benötigt man zusätzlich einen Abrufcode. Dieser ist zehnstellig und dient – neben dem bereits zum Zertifikat existierenden Passwort – als zusätzliches Sicherheitstool. Der Abrufcode wird von der Steuerverwaltung im Rahmen der Zustimmung zum Abruf von Bescheinigungen oder bei separater Beantragung per Post zugesendet. Man kann damit die elektronischen Daten und Bescheinigungen der letzten vier Jahre, die der Steuerverwaltung übermittelt worden sind, abrufen:

» vom Arbeitgeber übermittelte Lohnsteuerbescheinigungen
» Lohnersatzleistungen (zum Beispiel Arbeitslosengeld, Krankengeld, Elterngeld)
» Mitteilungen über den Bezug von Rentenleistungen
» Beiträge zur Kranken- und Pflegeversicherung
» Vorsorgeaufwendungen (zum Beispiel Riester- oder Rürup-Verträge)
» Beiträge für Vermögenswirksame Leistungen.

Die vorausgefüllte Steuererklärung besitzt einige Vorteile, zwar nimmt sie einem die Steuererklärung nicht vollständig ab, aber man muss mit Blick auf viele Daten nicht erst lange suchen, wo man sie eintragen muss, und gerät auch nicht in die Gefahr, diese fehlerhaft einzutippen.

Vorbereitungen für die Steuererklärung treffen

Um nicht vollkommen planlos mit der Steuererklärung anzufangen, sollte man sich ein paar Sachen zurechtlegen, die man brauchen wird. Einige dieser Dokumente und Zahlen kann man sich, wie beschrieben, auch über die vorausgefüllte Steuererklärung ziehen. Dennoch schadet es nicht, zumindest folgende Sachen vorliegen zu haben:

» Lohnsteuerbescheinigung mit Steuer-ID
  (bzw. Rentenbescheid)
» Bescheinigung über Sachverhalte, die dem Progressionsvorbehalt unterliegen: Arbeitslosengeld, Krankengeld, Mutterschaftsgeld, Elterngeld, Übergangsgeld, Insolvenzausfallgeld etc.
» Kürzester Fahrtweg zur Arbeit in Kilometer
  (z. B. Google Maps nutzen)
» Bewerbungskosten
» Rechnungen für Arbeitsmittel wie Schreibtisch, Stuhl, Monitor, Laptop etc.
» Rechnungen für typische Berufskleidung
» Reisekosten (Bescheinigung Arbeitgeber, Erstattungen)
» Beiträge zu Berufsverbänden (Gewerkschaften)
» Aufwendungen für berufliche Fortbildung, zum Beispiel zum Meister oder Fachwirt, Studienkosten
» Aufstellung Umzugskosten bei beruflicher Veranlassung

- » Doppelte Haushaltsführung (Mietvertrag Zweitwohnung und Zahlungsnachweise)
- » Bescheinigung über Kapitaleinkünfte (zum Beispiel Dividendenbescheinigung von der Bank)
- » Versicherungsabrechnungen, zum Beispiel Erwerbs- unfähigkeits- und Berufsunfähigkeitsversicherung, Unfall- und (KFZ-)Haftpflichtversicherung, Lebens- und Rentenversicherung / Riester-/Rürup-Rente
- » Spendenbescheinigungen
- » Rechnungen über Kinderbetreuungskosten
- » Rechnungen für haushaltsnahe Dienstleistungen und Handwerkerleistungen
- » Nebenkostenbescheinigung (kann man auch nachreichen, wenn man diese noch nicht hat)
- » Rechnungen über Krankheitskosten.

| WICHTIGE ANLAGEN

Je nach Einkunftsart etc. sind verschiedene Anlagen bei der Steuer- erklärung auszufüllen.

Die für Angestellte wichtigsten Anlagen werden in den nächsten Kapiteln vorgestellt, wobei nur Grundsätzliches erläutert werden kann. Alle Konstellationen können in diesem Rahmen nicht abgebil- det werden. Dennoch sollte jemand, dessen Steuererklärung relativ einfach ist, diese via Elster fortan selbst hinbekommen.

 **ESPRESSO-TIPP:**

Bei Elster gibt es für fast jeden Aspekt eine Ausfüllhilfe, die jeweils über das Fragezeichen aufgerufen werden kann:

1 – Allgemeine Angaben ②

Außerdem: Keine Panik, wenn man nach der Eingabe der Daten etwas für das Finanzamt Wichtiges vergessen hat. Mithilfe des Reiters „Prüfen" über dem jeweiligen Formular kann man seine Eingaben durchsehen und sich darauf hinweisen lassen, was man noch ausfüllen muss oder was unplausibel erscheint:

Start mit dem Hauptvordruck (ESt 1A)

Das Herzstück der Steuererklärung ist der sogenannte Mantelbogen, offiziell Hauptvordruck/ESt 1A. Man findet diesen unter „Mein Elster":

Hat man das aufgerufen, beginnt man mit der Steuererklärung, indem man ein neues Formular, eben ESt 1A, startet:

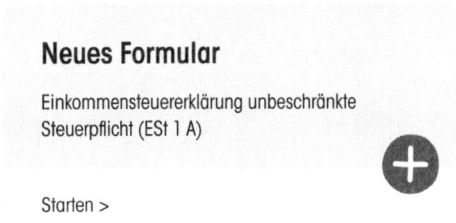

Hat man schon mal eine Steuererklärung mit Elster gemacht, kann man die Daten aus den Vorjahren übernehmen.

Wenn man noch keine Einkommensteuererklärung erledigt hat, macht es Sinn, mit dem Anlagenassistenten fortzufahren. Zum Beispiel wird man dann gefragt, ob man Kinder hat und dazu Angaben machen will, um Steuern zu sparen.

Anlagenassistent 1/3 – Allgemeine Angaben

Möchten Sie in der Einkommensteuererklärung 2021 Angaben zu Kindern machen?

○ Nein

○ Ja

Klickt man Ja, wird die Anlage Kind hinzugefügt.

Nach 17 Fragen werden einem die entsprechenden Anlagen herausgesucht, die man benötigt. Je nach Lebenssituation muss man verschiedene Anlagen abgeben.

Hat man eine Anlage vergessen, kann man sie später ausfüllen; hat man zu viele Anlagen ausgefüllt, kann man diese auch später noch löschen.

Im Anschluss wird man gefragt, ob man Bescheinigungen einfügen möchte; das sollte man auf jeden Fall in Anspruch nehmen, denn es erspart einem später eine Menge Arbeit.

Bescheinigungen

Möchten Sie Bescheinigungen einfüllen?

Weiter ohne Bescheinigungen   Bescheinigungen einfüllen

Das nennt man dann die sogenannte „vorausgefüllte Steuererklä-rung", deren Verwendung ich nur empfehlen kann.

Hat man noch nie eine Steuererklärung gemacht, muss man eine neue Steuernummer beantragen:

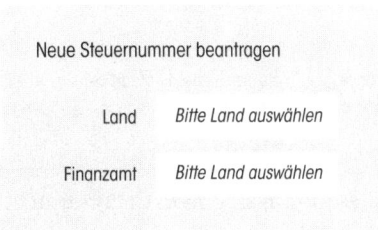

Hat man bereits eine Steuererklärung hinter sich gebracht, findet man die Steuernummer auf dem letzten Steuerbescheid.

(Wie man seinen Namen, seine Wohnadresse etc. einträgt, das beschreibe ich nicht. Das bekommt jeder leicht hin.)

Ist man verheiratet, macht es in den allermeisten Fällen bei Punkt 3 Sinn, die Zusammenveranlagung zu wählen:

3 – Nur bei Ehegatten / Lebenspartnern: Veranlagungsart

29 ◯ Zusammenveranlagung

29 ◯ Einzelveranlagung von Ehegatten / Lebenspartnern

29 ◯ Wir haben Gütergemeinschaft vereinbart

Eine Beispielrechnung findet sich auf Seite 209.

Bei Punkt 4 sollte man seine Bankverbindung eingeben, dann hat man das Geld schneller, und es muss nicht nochmals seitens des Finanzamts nachgefragt werden.

Bei Punkt 5 wird gefragt, wie man den Steuerbescheid gern bekommen möchte.

Man kann ihn sowohl in Papierform als auch in elektronischer Form erhalten. Meiner Meinung nach ist es sinnvoll, den Bescheid in elektronischer Form über Elster zu bekommen.

○ Bescheidbekanntgabe in elektronischer Form an die steuerpflichtige Person und gegebenenfalls den Ehegatten / Lebenspartner(in)

Dann hat man alles digital an einem Ort und sucht später nicht irgendwelche Zettel.

Unter Punkt 6 im Hauptvordruck kann man außerdem die Arbeitnehmer-Sparzulage beantragen, wenn man von seinem Chef Vermögenswirksame Leistungen (VL) erhält, z. B. 40 Euro im Monat.

6 – Antrag auf Festsetzung der Arbeitnehmer-Sparzulage

Steuerpflichtige Person / Ehemann / Person A

Das lohnt sich aber nur bei geringen Einkünften.

Ein Anspruch auf Arbeitnehmer-Sparzulage besteht nur, wenn das zu versteuernde Einkommen 17.900 Euro, bei zusammen veranlagten Ehegatten/Lebenspartnern 35.800 Euro nicht übersteigt.

Wenn man beispielsweise einen Fondssparplan statt eines Bausparvertrages hat, besteht ein Anspruch auf Arbeitnehmer-Sparzulage dann, wenn das zu versteuernde Einkommen 20.000 Euro, bei zusammen veranlagten Ehegatten/Lebenspartnern 40.000 Euro nicht übersteigt.

Unter Punkt 7 trägt man Einkommensersatzleistungen ein, die dem Progressionsvorbehalt unterliegen, zum Beispiel Arbeitslosengeld, Elterngeld, Insolvenzgeld, Krankengeld oder Mutterschaftsgeld:

7 – Einkommensersatzleistungen
– ohne Beträge laut Zeile 28 der Anlage N –

Vorsicht, Einkommensersatzleistungen wie Kurzarbeitergeld einschließlich eines Zuschusses des Arbeitgebers, ein Zuschuss zum Mutterschaftsgeld, eine Verdienstausfallentschädigung (Infektionsschutzgesetz), Aufstockungsbeträge nach dem Altersteilzeitgesetz und Altersteilzeitzuschläge nach Besoldungsgesetzen trägt man in Zeile 28 der Anlage N ein.

Bei den Punkten 8 bis 12 muss man im Regelfall bei einer einfachen Steuererklärung keine Angaben machen.

Insbesondere bei Punkt 9 sollte man, wenn es geht, ergänzende Angaben zur Steuerklärung unterlassen, da diese sonst nochmals manuell von einem Sachbearbeiter geprüft wird. Auch sollte man, wenn möglich, bei Punkt 12 nicht das Häkchen setzen, dass Belege nachgereicht werden. Belege müssen nicht mehr eingereicht werden. Möchte das Finanzamt doch beispielsweise eine Rechnung haben, fragt es diesen Beleg gegebenenfalls im Nachgang an. Die meisten Einkommensteuererklärungen werden aber ohne eine Einreichung von Belegen bearbeitet.

Anlage Außergewöhnliche Belastungen

Die Anlage Außergewöhnliche Belastungen ist insbesondere für Menschen mit Behinderung gedacht. Aber auch wenn man Menschen pflegt oder selbst höhere Krankheitskosten im entsprechenden Jahr hatte, kann man auf diese zurückgreifen.[21]

Hierbei ist wichtig zu verstehen, dass sich nicht alle Krankheitskosten steuerlich auswirken. Man muss bezüglich der Krankheitskosten erst einmal einen gewissen Prozentsatz seiner Einkünfte übersteigen:

Einkünfte	Ohne Kinder		Mit Kindern	
	Einzelveranlagung	Zusammenveranlagung	1 bis 2 Kinder	3 Kinder und mehr
bis 15.340 Euro	5 %	4 %	2 %	1 %
15.341 – 51.130 Euro	6 %	5 %	3 %	1 %
über 51.130 Euro	7 %	6 %	4 %	2 %

Es lohnt sich also nicht, seine 20-Euro-Salbe anzugeben, wenn man sonst keine Außergewöhnlichen Belastungen hat.

Der erste Punkt in der Anlage Außergewöhnliche Belastungen ist der Behinderten-Pauschbetrag.[22]

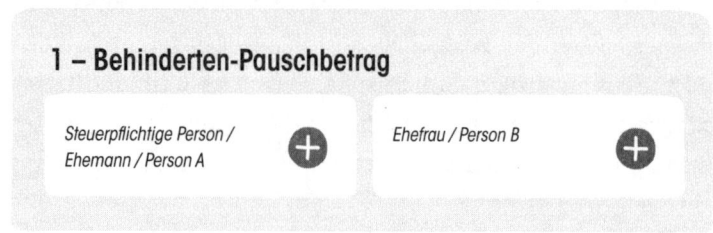

1 – Behinderten-Pauschbetrag

Steuerpflichtige Person / Ehemann / Person A   ⊕

Ehefrau / Person B   ⊕

Menschen mit Behinderungen sollten unbedingt einen Schwerbehindertenausweis beantragen bzw. die Bescheinigung vom Versorgungsamt einholen.

Ab einem Grad der Behinderung (GdB) von 20 (vor 2021: 25) können sie dann ohne weitere Nachweise einen Behinderten-Pauschbetrag für typische Ausgaben geltend machen. Dieser erhöht sich je nach Grad der Behinderung:

» 20 384 Euro
» 30 620 Euro
» 40 860 Euro
» 50 1.140 Euro
» 60 1.440 Euro
» 70 1.780 Euro
» 80 2.120 Euro
» 90 2.460 Euro
» 100 2.840 Euro.

Menschen, die hilflos sind (offizielle Definition: wenn man an einem jeden einzelnen Tag dauernd fremder Hilfe bedarf), Blinde und Taubblinde erhalten einen Pauschbetrag von 7.400 Euro.

Unregelmäßige und besondere Kosten, wie zum Beispiel eine Kur, können Menschen mit Behinderung zusätzlich zum Behindertenpauschbetrag als außergewöhnliche Belastungen geltend machen. Hier gelten meist strenge Anforderungen, wie amtsärztliche Gutachten, die im Vorfeld der Kur vorliegen müssen.

 **ESPRESSO-TIPP:**

Nutzt ein Kind den Behindertenpauschbetrag nicht selbst, kann man diesen als Eltern auf sich übertragen lassen (vgl. Anlage Kind).[23]

Bei Fahrten zur Arbeit dürfen Menschen mit einem Behinderungsgrad von mindestens 70 oder mindestens 50 und Merkzeichen G beide Wege absetzen (nicht nur den Hinweg); das macht man dann über die Anlage N und das entsprechende Häkchen beim Arbeitsweg.[24]

Für private Fahrten können Menschen mit Behinderung mit einem GdB von mindestes 80 (oder GdB 70 + „G") seit 2021 eine Pauschale von 900 Euro nutzen. Menschen mit den Merkzeichen „aG", „Bl", „Tbl" oder „H" sogar 4.500 Euro. Vor 2020 musste man diese Fahrten nachweisen. Das wird unter Punkt 4 der Anlage Außergewöhnliche Belastung eingetragen.[25]

Kosten für einen behindertengerechten Umbau kann man auch als außergewöhnliche Belastungen absetzen. Zuschüsse (zum Beispiel von der Pflegekasse) müssen aber wie immer abgezogen werden. Das wird unter Punkt 5 „Andere Aufwendungen" eingetragen.

Wenn man einen Angehörigen mit Behinderung pflegt, kann man außerdem prüfen, welchen Pflege-Pauschbetrag man eventuell geltend machen kann.[26]

Als Pflege-Pauschbetrag wird gewährt:

» Bei Pflegegrad 2:   600 Euro
» Bei Pflegegrad 3:   1.100 Euro
» Bei Pflegegrad 4 oder 5:   1.800 Euro.
» Dies wird dann unter Punkt 3 eingetragen.

Der häufigste Anwendungsfall der Anlage Außergewöhnliche Belastungen sind die Krankheitskosten. Diese trägt man unter Punkt 5 ein.

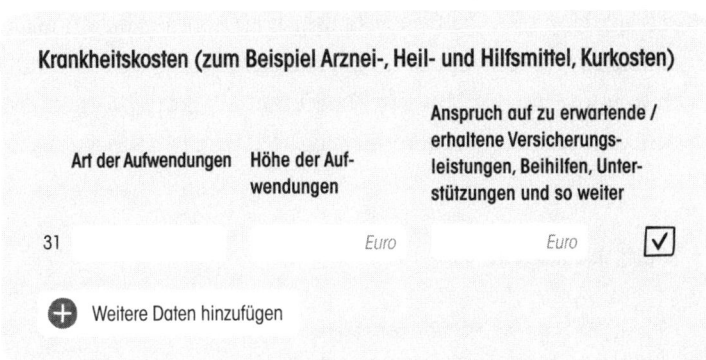

Krankheitskosten (zum Beispiel Arznei-, Heil- und Hilfsmittel, Kurkosten)

Art der Aufwendungen	Höhe der Aufwendungen	Anspruch auf zu erwartende / erhaltene Versicherungsleistungen, Beihilfen, Unterstützungen und so weiter	
31	*Euro*	*Euro*	☑

➕ Weitere Daten hinzufügen

Man trägt die entsprechenden Krankheitskosten ein, zum Beispiel eine Sehhilfe/Brille und die Kosten, sagen wir 500 Euro. Bekommt man eine Erstattung über die Krankenzusatzversicherung, beispielsweise 250 Euro, muss man diese ebenfalls hinterlegen, denn die Erstattung mindert die absetzbaren Kosten. Für die Berücksichtigung von Krankheitskosten ist normalerweise eine ärztliche Verordnung nachzuweisen.[27]

Anlage AV

Die Anlage AV ist für sogenannte Riester-Verträge. Hier sichert man sich die staatlichen Zuschüsse, indem man Angaben zu sich, seinen Kindern und geleisteten Einzahlungen in Riester-Verträge im jeweiligen Jahr macht. Im Regelfall ist man unmittelbar begünstigt und muss deswegen diesen Haken bei den Berechnungsgrundlagen setzen.

Unmittelbar begünstigt sind Personen, die im Jahr – zumindest zeitweise – in der inländischen gesetzlichen Rentenversicherung pflichtversichert waren, zum Beispiel Arbeitnehmer in einem versicherungspflichtigen Beschäftigungsverhältnis (hierzu zählen auch geringfügig Beschäftigte, die nicht von der Versicherungspflicht befreit wurden) und Kindererziehende.

Man trägt dann seine beitragspflichtigen Einnahmen im Sinne der inländischen gesetzlichen Rentenversicherung und gegebenenfalls noch weitere Einnahmen – bitte beachten! – aus dem Vorjahr ein. Sprich, wenn man die Steuererklärung 2021 macht, dann aus 2020:

Unmittelbare Begünstigung

5 ○ Ich bin für das Jahr 2021 unmittelbar begünstigt

6 ○ Beitragspflichtige Einnahmen im Sinne der inländischen gesetzlichen Rentenversicherung 2020 _Euro_

Den Betrag der beitragspflichtigen Einnahmen kann man beispielsweise aus der Meldung zur Sozialversicherung entnehmen, die man vom Arbeitgeber bekommt.

Unter Punkt 3 trägt man seine Kinder ein, unterschieden nach dem Zeitpunkt der Geburt, da es unterschiedliche staatliche Förderungen gibt.

Für jedes Kind, das vor 2008 geboren wurde, zahlt der Staat jährlich 185 Euro aufs Riester-Konto. Für Kinder, die 2008 und später geboren wurden, sind es 300 Euro im Jahr. Um für sich die 175 Euro Zulage sowie die Kinderzulage zu bekommen, muss man im jeweiligen Jahr mindestens 4 Prozent des Vorjahresbruttoeinkommens in den Riester-Vertrag eingezahlt haben.

Anlage Haushaltsnahe Aufwendungen

In der Anlage Haushaltsnahe Aufwendungen setzt man die bereits auf Seite 19 beschriebenen Tätigkeiten im Haushalt von Dienstleistern wie Putzkräften und Handwerkern in der Steuererklärung ab. Ebenso geringfügige Beschäftigungen im Privathaushalt – sogenannte Minijobs. Warum es keinen Sinn macht, Haushaltshilfen

„schwarz" anzustellen, erfährt man auf Seite 206.

Die Anlage ist relativ selbsterklärend aufgebaut.

Zu den Teilseiten

1 – Geringfügige Beschäftigungen im Privathaushalt – sogenannte Minijobs –

2 – Haushaltsnahe Beschäftigungsverhältnisse / Dienstleistungen

3 – Handwerkerleistungen

Wichtig ist bei Punkt 2 und 3, dass man, um das zu betonen, die Rechnungen der Dienstleister per Überweisung gezahlt hat. Übrigens reicht auch eine Nebenkostenabrechnung.

Bei allen Angaben in diesem Zusammenhang ist zu beachten, dass nur die Lohnanteile abgesetzt werden können, nicht das verwendete Material![28]

Anlage KAP

Hat man Kapitaleinkünfte, bei denen Abgeltungsteuer abgezogen wurde, kann es Sinn machen, die Anlage KAP abzugeben.[29]

Insbesondere für Menschen mit Kapitaleinkünften über 801 Euro, aber mit sonst geringem Einkommen können sofort auf der ersten Seite der Anlage KAP die Günstigerprüfung stellen, um die Kapitalerträge nicht mit 25 Prozent Kapitalertragsteuer, sondern mit dem persönlichen Steuersatz versteuern zu dürfen.

1 – Anträge

4   ◯ Ich beantrage die Günstigerprüfung für sämtliche Kapitalerträge.
Bei Zusammenveranlagung: Die Anlage KAP meines Ehegatten / Lebenspartners ist beigefügt. *201*

Erzielt man Kapitaleinkünfte, bei denen keine Kapitalertragsteuer einbehalten wurde (beispielsweise bei einem Online-Depot einer ausländischen Bank), muss man diese Einnahmen zwingend in der Anlage KAP angeben.

Der häufigste Anwendungsfall in der Anlage KAP ist, wenn jemand Kapitalerträge hat, bei denen Steuer einbehalten worden ist, obwohl sie nur bei bis 801 Euro lagen.

Zum Beispiel Dividendenausschüttungen. Dann muss man das bei Punkt 3, Zeile 7 angeben:

3 – Kapitalerträge, die dem inländischen Steuerabzug unterlegen haben

Betrag laut Steuerbescheinigung(en)	Korrigierter Betrag (laut Erläuterung)	Erläuterung zum korrigierten Betrag
7 **Kapitalerträge**		
Euro 210	Euro 220	

Nehmen wir mal an, jemand bekommt 801 Euro Dividendenausschüttungen, hatte sonst keine Kapitalerträge und hinterlegte bei seiner depotführenden Bank keinen Freistellungsauftrag.

4 – Sparer-Pauschbetrag

16	In Anspruch genommener Sparer-Pauschbetrag, der auf die in den Zeilen 7 bis 15, 30 und 33 erklärten Kapitalerträge entfällt (gegebenenfalls 0)	0 217

Dann wurden ihm von der Bank 26,375 Prozent, also etwa 211 Euro, Steuern abgezogen. Über eine Abgabe der Anlage KAP bekommt er diese Steuern wieder vollständig zurück.[30]

Anlage Kind

Hat man Kinder, füllt man die Anlage Kind aus. Dabei muss das Kind nicht zwingend minderjährig sein. Auch volljährige Kinder können steuerlich berücksichtigt werden. Jedoch nur, bis sie 25 sind, und auch nur, wenn sich das Kind noch in einer Berufsausbildung oder im Studium befindet. Bei Kindern mit Behinderung kann eine steuerliche Berücksichtigung bei den Eltern erfolgen, wenn die Kinder älter als 25 sind.[31]

3 – Angaben für ein volljähriges Kind
Schul-, Hochschul- oder Berufsausbildung

Das Kind

– befand sich in Schul-, Hochschul- oder Berufsausbildung

– befand sich in einer Übergangszeit von höchstens vier Monaten (zum Beispiel zwischen zwei Ausbildungsabschnitten)

– konnte eine Berufsausbildung mangels Ausbildungsplatzes nicht beginnen oder fortsetzen und / oder

– hat ein freiwilliges soziales oder ökologisches Jahr (Jugendfreiwilligendienstgesetz), eine europäische Freiwilligenaktivität, einen entwicklungspolitischen Freiwilligendienst, einen Freiwilligendienst aller Generationen (§ 2 Absatz 1 a SGB VII), einen Internationalen Jugendfreiwilligendienst, Bundesfreiwilligendienst oder einen Anderen Dienst im Ausland (§ 5 Bundesfreiwilligendienstgesetz) geleistet.

(Folgen diese Abschnitte unmittelbar aufeinander, sind sie zu einem Zeitraum zusammenzufassen.)

Neuer Eintrag

| 16 | Zeitraum vom – bis | 📅 *TT.MM – TT.MM* |

180

| 17 | Erläuterungen zu den Berücksichtigungszeiträumen |

Kinder können, auch ohne Berufsausbildung, solange sie nicht voll erwerbstätig sind, bis zum 21. Lebensjahr berücksichtigt werden.

Wenn das Kind älter als 25 ist, gibt es trotzdem noch eine Möglichkeit, die Ausgaben für den Unterhalt und die Berufsausbildung abzusetzen, jedoch nicht in der Anlage Kind, sondern in der Anlage Außergewöhnliche Belastungen. Im Steuerjahr 2021 bis zu 9.744 Euro, 2022 bis zu 9.984 Euro. Dieser Betrag erhöht sich noch um die Kosten für die Basisabsicherung in der gesetzlichen Kranken- und Pflegeversicherung.

Der Hauptanwendungsfall der Anlage sind jedoch minderjährige Kinder. Zunächst müssen die allgemeinen Angaben zum Kind wie Name, Steueridentifikationsnummer, Wohnsitz und der Anspruch auf Kindergeld im jeweiligen Jahr eingetragen werden.

1 – Angaben zum Kind

Allgemeine Angaben

4	Identifikationsnummer	
		101
5	Vorname, gegebenenfalls abweichender Familienname	
6	Geburtsdatum	📅 *TT.MM – TT.MM*
		116
6	Anspruch auf Kindergeld (einschließlich Kinderbonus) oder vergleichbare Leistung für 2021	*Euro*
		101
7	Für die Kindergeldfestsetzung zuständige Familienkasse	

Aktuell beträgt das Kindergeld für das 1. und das 2. Kind 2.628 Euro im Jahr, gegebenenfalls zuzüglich 150 Euro Kinderbonus in 2021, macht dann 2.778 Euro. 2022 wurde ein Kinderbonus von 100 Euro gewährt.

Außerdem müssen die Aufwendungen für Kranken- und Pflegeversicherungen eingetragen werden, und zwar unter Punkt 5 der Anlage Kind: „Beiträge zur inländischen Kranken- und Pflegeversicherung".

Ein weiterer wichtiger Punkt sind unter 13 die Kinderbetreuungskosten, zum Beispiel durch einen Kindergarten.

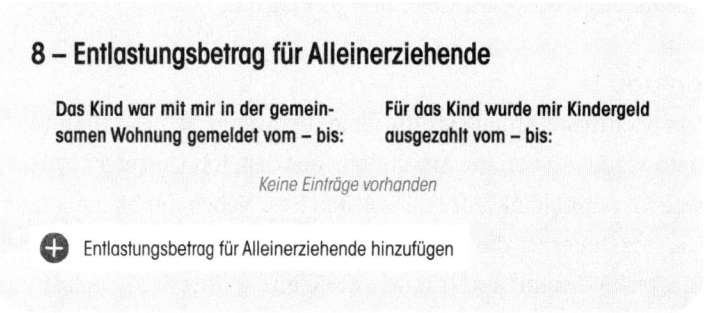

13 – Kinderbetreuungskosten

– ohne Aufwendung für die Verpflegung, den (Nachhilfe-) Unterricht, die Vermittlung besonderer Fähigkeiten, die sportlichen und anderen Freizeitbetätigungen des Kindes –

berücksichtigungsfähige Gesamtaufwendungen der Eltern

Neuer Eintrag

76	Art der Dienstleistung	
76	Name und Anschrift des Dienstleisters	
76	vom – bis	📅 *TT.MM – TT.MM*
76	Betrag	*Euro*

Aber hier greifen wirklich nur die Betreuungskosten, bitte keine Mahlzeiten etc. eintragen.

Ist man alleinerziehend, kann man bereits einige Punkte vorher, unter Punkt 8, den Entlastungsbetrag für Alleinerziehende beantragen.[32]

8 – Entlastungsbetrag für Alleinerziehende

Das Kind war mit mir in der gemein-
samen Wohnung gemeldet vom – bis:

Für das Kind wurde mir Kindergeld
ausgezahlt vom – bis:

Keine Einträge vorhanden

⊕ Entlastungsbetrag für Alleinerziehende hinzufügen

Damit man den Entlastungsbetrag in Höhe von 4.008 Euro erhält, müssen folgende Voraussetzungen erfüllt sein:

» Man ist alleinstehend, und
» zum Haushalt gehört mindestens ein Kind, für das ein Anspruch auf den Kinderfreiheitsbetrag oder auf Kindergeld besteht.

Alleinstehend ist man steuerlich grundsätzlich nur dann, wenn man keine Haushaltsgemeinschaft mit einer anderen volljährigen Person bildet.

Ist die andere Person mit Haupt- oder Nebenwohnsitz in der Wohnung gemeldet, wird vermutet, dass sie mit dem Steuerpflichtigen gemeinsam wirtschaftet und eine Haushaltsgemeinschaft bildet.

Eine Haushaltsgemeinschaft liegt vor, wenn die andere volljährige Person einen tatsächlichen oder finanziellen Beitrag zum gemeinsamen Haushalt leistet, bzw. es reicht auch aus, wenn diese Person dazu imstande wäre.

Beispiel:
Fabi lebt mit seinem minderjährigen Kind Fabienne im eigenen Haushalt. Am 14.01.2022 zieht die berufstätige Lebensgefährtin von Fabi in die Wohnung ein. Im Januar lagen alle Voraussetzungen für den Entlastungsbetrag zeitweise noch vor. Der Anspruch auf den Entlastungsbetrag entfällt daher ab Februar.

Anlage N

Die wichtigste Anlage ist für viele die Anlage N.[33] Die Haupteinnahmequelle ist oft der Arbeitslohn aus dem Job. Und nicht irgendwelche Kapitaleinkünfte oder Ähnliches. Neben der zu zahlenden Umsatzsteuer ist die Lohnsteuer die größte Einnahmequelle des Staates und somit auch für sehr viele ihre größte Steuerbelastung.

Zugleich haben viele auch die größten Kosten mit den Einkünften aus nichtselbstständiger Arbeit.

Beides darf man in der Anlage N angeben:

Anlage N: Einkünfte aus nichtselbständiger Arbeit

Steuerpflichtige Person / Ehemann / Person A

Angaben zum Arbeitslohn

1 – Angaben zur eTIN

2 – Angaben zum Arbeitslohn

3 – Versorgungsbezüge, Entschädigungen, Arbeitslohn für mehrere Jahre

4 – Steuerpflichtiger Arbeitslohn ohne Lohnsteuerabzug

5 – Übertrag aus Anlage N-AUS

6 – Angaben zu Grenzgängern

7 – Steuerfreie Aufwandsentschädigungen / Einnahmen

8 – Angaben zu Lohn- / Entgeltersatzleistungen

Werbungskosten – ohne Beträge laut Zeile 73 bis 76 –

9 – Wege zwischen Wohnung und erster Tätigkeitsstätte / Sammelpunkt / weiträumigem Tätigkeitsgebiet (Entfernungspauschale)

10 – Beiträge zu Berufsverbänden

11 – Aufwendungen für Arbeitsmittel (soweit nicht steuerfrei ersetzt)

12 – Aufwendungen für ein häusliches Arbeitszimmer

13 – Homeoffice-Pauschale

14 – Fortbildungskosten (soweit nicht steuerfrei ersetzt)

15 – Weitere Werbungskosten (soweit nicht steuerfrei ersetzt)

16 – Reisekosten bei beruflich veranlassten Auswärtstätigkeiten

17 – Pauschbeträge für Mehraufwendungen für Verpflegung

18 – Werbungskosten in Sonderfällen

19 – Mehraufwendungen für doppelte Haushaltsführung

Vor allem bei den Angaben zum Arbeitslohn wird man die Erleichterung der Eintragung verspüren, wenn man zuvor den Belegabruf über die vorausgefüllte Steuererklärung beantragt hat.

Hat man das nicht, muss man, sofern keine Steuer-ID vorhanden ist, die eTIN aus der Lohnsteuerbescheinigung eintippen.

Die Lohnsteuerbescheinigung bekommt man nach Ablauf des Kalenderjahres vom Arbeitgeber. Ein Beispiel dieser Lohnsteuerbescheinigung findet sich auf den Seiten 74/75. Dann tippt man, wenn man die vorausgefüllte Steuererklärung nicht beantragt hat, die Lohnsteuerbescheinigung ab.

Hat man noch etwas durch sein Arbeitsverhältnis eingenommen, von dem noch keine Lohnsteuer einbehalten wurde und das entsprechend auch nicht auf der Lohnsteuerbescheinigung des Arbeitgebers auftaucht, kann man das in Zeile 21 eintragen:

4 – Steuerpflichtiger Arbeitslohn ohne Lohnsteuerabzug

21   Steuerpflichtiger Arbeitslohn, von dem kein Steuerabzug   *Euro*
vorgenommen worden ist (soweit nicht in der Lohnsteuerbescheinigung enthalten)   *115*

Unter Punkt 8 in Zeile 28 trägt man Angaben zu Lohn-/Entgeltersatzleitungen ein; ein prominenter Fall war in den letzten Jahren das Kurzarbeitergeld, einschließlich der Zuschüsse:

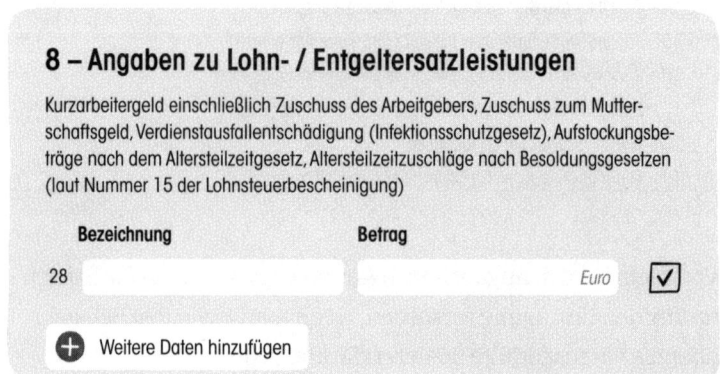

8 – Angaben zu Lohn- / Entgeltersatzleistungen

Kurzarbeitergeld einschließlich Zuschuss des Arbeitgebers, Zuschuss zum Mutterschaftsgeld, Verdienstausfallentschädigung (Infektionsschutzgesetz), Aufstockungsbeträge nach dem Altersteilzeitgesetz, Altersteilzeitzuschläge nach Besoldungsgesetzen (laut Nummer 15 der Lohnsteuerbescheinigung)

Bezeichnung   **Betrag**

28   *Euro* ☑

⊕ Weitere Daten hinzufügen

Ab Punkt 9 der Anlage N geht es dann mit den Werbungskosten los. Also den Kosten, die man in Zusammenhang mit seinem Job hatte.

Wichtig zu wissen ist, dass man erst mal über einen gewissen Kostenbetrag, 1.200 Euro (vor 2022: 1.000 Euro), kommen muss, damit sich die Werbungskosten überhaupt auswirken.[34] Dieser Arbeitnehmer-Pauschbetrag wird nämlich schon monatlich als pauschale Kosten bei der Lohnabrechnung berücksichtigt, ob man diese nun hat oder nicht. Jemand, der keine großen Kosten nachweisen kann, hat also bereits den Steuervorteil über die Lohnabrechnung.

Der Start der Werbungskosten unter Punkt 9 von 19 der Anlage N ist gleich einer der wichtigsten Punkte. Es geht hier um den Weg zur Arbeit, genauer: zur ersten Tätigkeitsstätte.[35]

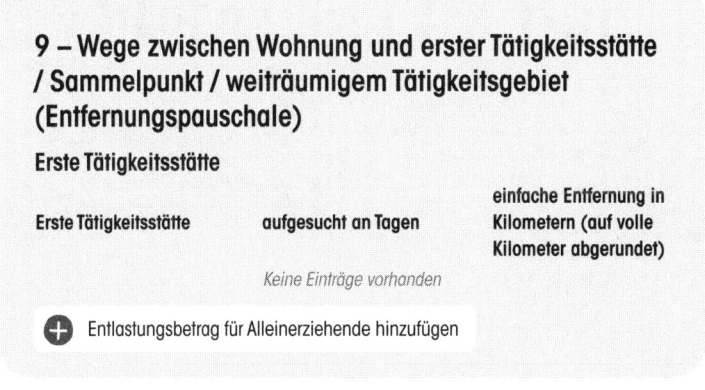

Bei vielen Berufen stellt sich nicht die Frage, welche die erste Tätigkeitsstätte ist: Fährt man immer ins selbe Büro oder zur selben Fabrik, ist dort die erste Tätigkeitsstätte.

Es gibt aber auch Fälle, bei denen, beispielsweise bei wechselnden Einsatzstätten, nicht so klar ist, welche die erste Tätigkeitsstätte ist. Dann orientiert man sich an den Regelungen im Arbeitsvertrag und wenn dort nichts geregelt ist, an der Aufteilung der Arbeitstage. Die

Ausdruck der elektronischen Lohnsteuerbescheinigung für 2022

Nachstehende Daten wurden maschinell an die Finanzverwaltung übertragen.

Korrektur/Stornierung

Datum:

eTIN:

Identifikationsnummer:

Personalnummer:

Geburtsdatum:

Transferticket:

Dem Lohnsteuerabzug wurden im letzten Lohnzahlungszeitraum zugrunde gelegt:

		vom – bis
1.	Bescheinigungszeitraum	
2.	Zeiträume ohne Anspruch auf Arbeitslohn	Anzahl „U"
	Großbuchstaben (E, S, M, F, FR)	
		EUR / Ct
3.	Bruttoarbeitslohn einschl. Sachbezüge ohne 9. und 10.	
4.	Einbehaltene Lohnsteuer von 3.	
5.	Einbehaltener Solidaritätszuschlag von 3.	
6.	Einbehaltene Kirchensteuer des Arbeitnehmers von 3.	
7.	Einbehaltene Kirchensteuer des Ehegatten/Lebenspartners von 3. (nur bei Konfessionsverschiedenheit)	
8.	In 3. enthaltene Versorgungsbezüge	
9.	Ermäßigt besteuerte Versorgungsbezüge für mehrere Kalenderjahre	
10.	Ermäßigt besteuerter Arbeitslohn für mehrere Kalenderjahre (ohne 9.) und ermäßigt besteuerte Entschädigungen	
11.	Einbehaltene Lohnsteuer von 9. und 10.	
12.	Einbehaltener Solidaritätszuschlag von 9. und 10.	
13.	Einbehaltene Kirchensteuer des Arbeitnehmers von 9. und 10.	
14.	Einbehaltene Kirchensteuer des Ehegatten/Lebenspartners von 9. und 10. (nur bei Konfessionsverschiedenheit)	
15.	(Saison-)Kurzarbeitergeld, Zuschuss zum Mutterschaftsgeld, Verdienstausfallentschädigung (Infektionsschutzgesetz), Aufstockungsbetrag und Altersteilzeitzuschlag	
16.	Steuerfreier	a) Doppelbesteuerungsabkommen (DBA)

Fahrten zwischen Wohnung und erster Tätigkeitsstätte			
19. Steuerpflichtige Entschädigungen und Arbeitslohn für mehrere Kalenderjahre, die nicht ermäßigt besteuert wurden - in 3. enthalten			
20. Steuerfreie Verpflegungszuschüsse bei Auswärtstätigkeit			
21. Steuerfreie Arbeitgeberleistungen bei doppelter Haushaltsführung			
22. Arbeitgeber-anteil/-zuschuss	a) zur gesetzlichen Rentenversicherung		
	b) an berufsständische Versorgungs-einrichtungen		
23. Arbeitnehmer-anteil	a) zur gesetzlichen Rentenversicherung		
	b) an berufsständische Versorgungs-einrichtungen		
24. Steuerfreie Arbeitgeber-zuschüsse	a) zur gesetzlichen Krankenversicherung		
	b) zur privaten Krankenversicherung		
	c) zur gesetzlichen Pflegeversicherung		
25. Arbeitnehmerbeiträge zur gesetzlichen Krankenversicherung			
26. Arbeitnehmerbeiträge zur sozialen Pflegeversicherung			
27. Arbeitnehmerbeiträge zur Arbeitslosenversicherung			
28. Beiträge zur privaten Kranken- und Pflege-Pflichtversicherung oder Mindestvorsorgepauschale			
29. Bemessungsgrundlage für den Versorgungsfreibetrag zu 8.			
30. Maßgebendes Kalenderjahr des Versorgungsbeginns zu 8. und/oder 9.			
31. Zu 8. bei unterjähriger Zahlung: Erster und letzter Monat, für den Versorgungsbezüge gezahlt wurden			
32. Sterbegeld; Kapitalauszahlungen/Abfindungen und Nach-zahlungen von Versorgungsbezügen - in 3. und 8. enthalten			
33. Ausgezahltes Kindergeld	—		
34. Freibetrag DBA Türkei			
Finanzamt, an das die Lohnsteuer abgeführt wurde (Name und vierstellige Nr.)			

Zahl der Kinderfreibeträge

Steuerfreier Jahresbetrag

Jahreshinzurechnungsbetrag

Kirchensteuermerkmale

Anschrift und Steuernummer des Arbeitgebers:

erste Tätigkeitsstätte ist die, an der der Arbeitnehmer je Arbeitswoche zwei volle Arbeitstage oder mindestens ein Drittel seiner vereinbarten regelmäßigen Arbeitszeit tätig werden soll.

Der Arbeitnehmer kann je Dienstverhältnis höchstens eine erste Tätigkeitsstätte, gegebenenfalls aber auch keine erste, sondern nur auswärtige Tätigkeitsstätten haben. Liegen mehrere Tätigkeitsstätten vor, ist diejenige die erste, die der Arbeitgeber (im Arbeitsvertrag) bestimmt. Ist das nicht geregelt, ist die der Wohnung örtlich am nächsten liegende die erste Tätigkeitsstätte.[36]

 ESPRESSO-TIPP:

Bei einem Studium ist der Studienort die erste Tätigkeitsstätte. Anderes gilt, wenn der Arbeitgeber bei einem dualen Studium als erste Tätigkeitsstätte den Betrieb festlegt.

Aber bleiben wir mal beim typischen Fall: Jemand fährt täglich 15 Kilometer ins Büro. (Man kann übrigens nur den Hinweg zur ersten Tätigkeitsstätte absetzen.) Bei einer 5-Tage-Woche kann man so bis zu 230 Arbeitstage pro Kalenderjahr, bei einer 6-Tage-Woche bis zu 280 Arbeitstage pro Kalenderjahr ansetzen, sofern man nicht krank war oder sonst viele freie Tage hatte.

31	Erste Tätigkeitsstätte in (Postleitzahl, Ort und Straße)	
31	vom – bis	🗓 *TT.MM – TT.MM*
31	Arbeitstage je Woche	
31	Urlaubs-, Krankheits-, Heimarbeits- und Dienstreisetage	
35	aufgesucht an Tagen	

Das Finanzamt kann jedoch eine Auflistung der Arbeitstage fordern, man sollte also – wie immer – ehrlich bleiben.

Um der Frage zuvorzukommen „Arbeitsweg oder Homeoffice-Pauschale ansetzen?": Na, das was ihr wirklich gefahren seid! Und das Homeoffice dann über die Pauschale. Da die Homeoffice-Pauschale sich auf 5 Euro pro Tag beläuft, lohnt sich diese rein rechnerisch bis zu 16 Kilometer Arbeitsweg.

Bei Punkt 10 von 19 im Zusammenhang der Werbungskosten können Beiträge zu Berufsverbänden angegeben werden, beispielsweise der Gewerkschaftsbeitrag.[37]

Nicht unwichtig ist Punkt 11. Da kann man Arbeitsmittel angeben, soweit diese nicht steuerfrei ersetzt worden sind. Arbeitsmittel können unabhängig von der Homeoffice-Pauschale abgesetzt werden.[38]

Beruflich genutzte Arbeitsmittel können zum Beispiel sein: Schreibtisch, Schreibtischstuhl, Notebook, Monitor, Maus und Tastatur, Scanner, Drucker, Handy, Software, Werkzeuge, Software, Fachbücher, Schreibbedarf, Druckerpatronen, Aktentaschen, laufende berufliche Kosten für Internet- und Telefonanschluss, typische Berufskleidung.

Kann man etwas von den Arbeitsmitteln nicht 100 Prozent beruflich zuordnen, muss man den Privatanteil herausrechnen. Bei Gegenständen wie dem Computer etc. wird vom Finanzamt meist ohne Nachweis ein Prozentsatz von 50 Prozent akzeptiert, sofern man für den Job tatsächlich einen Computer etc. benötigt.

Bei Berufskleidung ist das Finanzamt strenger. Nur typische Berufskleidung, die man selbst bezahlt hat, kann abgesetzt werden, wie Sicherheitsschuhe. Ein Anzug oder ein Kostüm können nicht abgesetzt werden, da man diese Sachen auch privat tragen kann.

Früher durfte man pauschal 110 Euro ansetzen, wenn man keine Kosten für Arbeitsmittel angeben konnte. Das geht mittlerweile nicht mehr. Ansetzen kann man jedoch zusammengefasste Kosten bei geringen Aufwendungen für Arbeitsmittel. Das Finanzamt kann einem das theoretisch zwar wieder rausstreichen, wenn man die einzelnen Nachweise nicht erbringt. Da es aber die sogenannten Nichtaufgriffsgrenzen beim Finanzamt gibt, geht das meist problemlos durch. Man sollte diese Position allerdings nicht als „Arbeitsmittelpauschale" bezeichnen, da diese, wie gesagt, wegfallen können. Hier verwendet man besser die Angabe „Kleinstbeträge Arbeitsmittel".[39]

Machen wir mit Punkt 12 der Anlage N, dem häuslichen Arbeitszimmer, weiter. Hier bekommt man, wenn man das Menü ausklappt, eine ganz gute Übersicht von dem, was man absetzen kann.

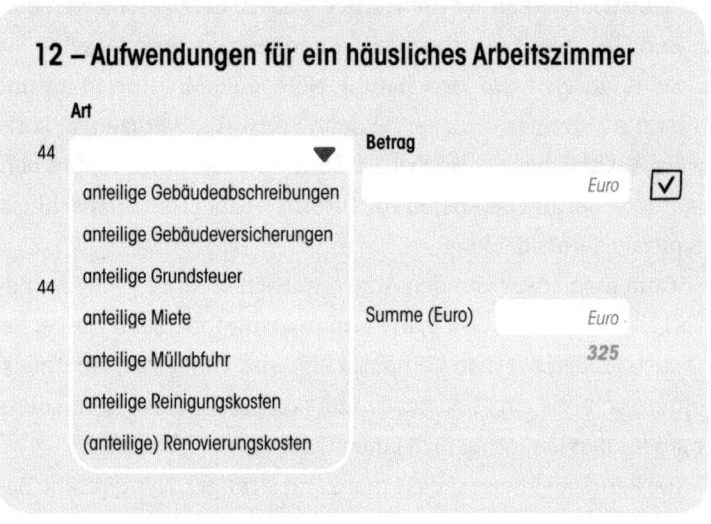

12 – Aufwendungen für ein häusliches Arbeitszimmer

Art

44

anteilige Gebäudeabschreibungen
anteilige Gebäudeversicherungen
anteilige Grundsteuer
anteilige Miete
anteilige Müllabfuhr
anteilige Reinigungskosten
(anteilige) Renovierungskosten

44

Betrag

Euro ☑

Summe (Euro)   Euro

325

Die wirkliche Herausforderung beim häuslichen Arbeitszimmer lautet: Ist es wirklich ein häusliches Arbeitszimmer? Über diese Frage allein könnte man wahrscheinlich schon ein Buch schreiben.[40]

Aber in der gebotenen Kürze: Handelt es sich nur um ein Durchgangszimmer oder eine Arbeitsecke, ist es kein Arbeitszimmer. Das muss ein eigener, abgeschlossener Raum sein, der nur fürs Arbeiten genutzt wird. Sonst gibt's die Homeoffice-Pauschale.

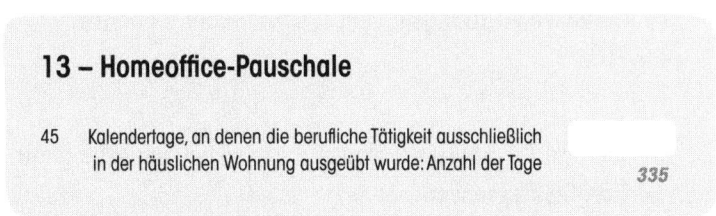

13 – Homeoffice-Pauschale

| 45 | Kalendertage, an denen die berufliche Tätigkeit ausschließlich in der häuslichen Wohnung ausgeübt wurde: Anzahl der Tage | *335* |

Hier kann man maximal 120 Tage im Homeoffice eintragen. Also maximal 600 Euro Kosten absetzen. Das Arbeitszimmer ist mit einer regelmäßigen Begrenzung bei 1.250 Euro entsprechend besser als die Homeoffice-Pauschale, wenn man wirklich ein separates Arbeitszimmer und die entsprechenden Kosten hat.

Die Homeoffice-Pauschale wirkt sich allerdings wie die weiteren Werbungskosten nur aus, wenn man insgesamt über den Arbeitnehmer-Pauschbetrag kommt.

Fortbildungskosten können lediglich abgesetzt werden, sofern sie nicht vom Arbeitgeber bezahlt worden sind.

14 – Fortbildungskosten (soweit nicht steuerfrei ersetzt)

	Bezeichnung	Betrag	
46		*Euro*	☑

Ein typischer Fall ist das nebenberufliche Studium, dessen Kosten der Arbeitgeber nicht übernimmt. Sprachkurse können wirklich nur abgesetzt werden, wenn sie zwingend für den Beruf gebraucht werden. Hier sollte man am besten eine Bescheinigung des Arbeitgebers einholen.

15 – Weitere Werbungskosten (soweit nicht steuerfrei ersetzt)

Bei den weiteren Werbungskosten gibt es wie bei den Arbeitsmitteln Nichtaufgriffsgrenzen:

» Kontoführungsgebühr: 16 Euro
» Telekommunikationskosten: 108 Euro
» Bewerbung per Post: 8 Euro, per E-Mail: 2,50 Euro

Wie bei den Arbeitsmitteln hat man auf diese Pauschbeträge kein Anrecht, und das Finanzamt kann diese streichen, wenn man dazu keine weiteren Nachweise vorlegen kann.

Gerade bei den Telekommunikationskosten lohnt es sich, die Rechnungen zumindest für einen repräsentativen Zeitraum von 3 Monaten zu sammeln und für das Finanzamt bereitzuhalten. Dann können hier sogar 20 Prozent der durchschnittlichen Telefonkosten und maximal 20 Euro im Monat berücksichtigt werden.[41]

Ist man beruflich unterwegs und bekommt nicht alles erstattet, sollte man auf jeden Fall Punkt 16 ausfüllen.

16 – Reisekosten bei beruflich veranlassten Auswärtstätigkeiten

Insbesondere darf dann auch nicht Punkt 17: „Pauschbeträge für Mehraufwendungen für Verpflegung" vergessen werden. Hier verweise ich auf Seite 125, in dem die Verpflegungsmehraufwendungen ausführlich erklärt werden. Wichtig zu wissen ist, dass während einer dualen Ausbildung die Reisen zur Berufsschule/Dualen Hochschule auch Auswärtstätigkeiten sind, wenn der Betrieb die erste Tätigkeitsstätte ist, sprich: Man kann dann die Verpflegungsmehraufwendungen, sowie den Hin- und Rückweg, bei den Fahrtkosten ansetzen.

Der letzte relevante Punkt der Anlage sind die Angaben einer doppelten Haushaltsführung.[42]

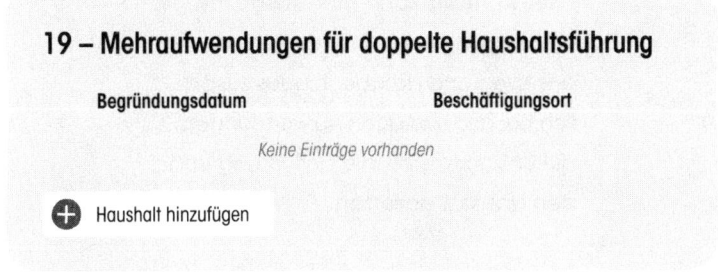

19 – Mehraufwendungen für doppelte Haushaltsführung

Begründungsdatum	Beschäftigungsort
Keine Einträge vorhanden	

➕ Haushalt hinzufügen

Um die Kosten für den Zweitwohnsitz absetzen zu können, muss man eine Wohnung am Heimatort haben, zum Beispiel eine eigene, separat abschließbare Wohnung bei den Eltern. Mit mindestens 10 Prozent muss man sich zudem an den Kosten beteiligen. Das heißt, man muss einen eigenen Hausstand führen und darüber hinaus dort auch, wie es so schön heißt: den Mittelpunkt der Lebensinteressen haben.

Hat man eine Zweitwohnung, die klar dazu dient, den täglichen Arbeitsweg zu reduzieren, kann man die Kosten bis 1.000 Euro im Monat von der Steuer absetzen.

Dafür muss man aber eine Wegstreckenersparnis zum Arbeitsort von mehr als 50 Prozent belegen können. Wenn die Ersparnis in absoluten Kilometern allerdings vernachlässigbar ist, beispielsweise nur 10 Kilometer, dann darf man den Zweitwohnsitz auch nicht absetzen.

Eine Heimfahrt pro Woche unterstützt das Finanzamt: Hier kann man Werbungskosten in Höhe der Entfernungspauschale geltend machen.

 **ESPRESSO-TIPP:**

Für die ersten drei Monate am Zweitwohnsitz kann man zusätzlich Verpflegungsmehraufwendungen ansetzen und darüber hinaus zusätzlich bei den sonstigen Aufwendungen die Umzugskosten, die Einrichtung und den Hausrat absetzen.

Hat man die sonstigen Aufwendungen ausgefüllt, ist man auch mit der Anlage N schon fertig.

Anlage SO

Auf die Anlage SO (Sonstige Einkünfte) möchte ich kurz eingehen, da doch relativ viele Leute mittlerweile Einkünfte aus Kryptowährungen haben.[43]

Auch braucht man diese Anlage, wenn man ein Grundstück mit Immobilie verkauft.

Doch wo trägt man diese Einkünfte nun ein? Die passende Stelle dafür findet sich relativ am Ende der Anlage SO bei den privaten Veräußerungsgeschäften:

9 – Private Veräußerungsgeschäfte

Grundstücke und grundstücksgleiche Rechte (z. B. Erbbaurecht)

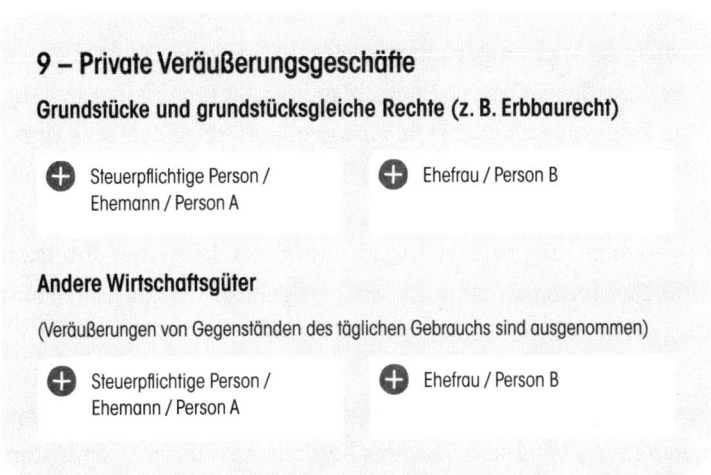

⊕ Steuerpflichtige Person /
Ehemann / Person A

⊕ Ehefrau / Person B

Andere Wirtschaftsgüter

(Veräußerungen von Gegenständen des täglichen Gebrauchs sind ausgenommen)

⊕ Steuerpflichtige Person /
Ehemann / Person A

⊕ Ehefrau / Person B

Bei den Grundstücken ist es relativ eindeutig, wo man was eintragen muss. Kryptowährungen wiederum sind „andere Wirtschaftsgüter".

Wenn man umfassendere Tätigkeiten im Bereich der Kryptowährungen entfaltet, wie zum Beispiel Mining, kann man auch gewerblich tätig sein, dann wäre die Anlage G statt der Anlage SO auszufüllen.

Anlage Sonderausgaben

Bei der Anlage Sonderausgaben startet man, wenn man in der Kirche ist, mit der Kirchensteuer.[44] Hier trägt man unter dem Punkt 1 ein, wie viel Kirchensteuer man gezahlt hat und wie viel im entsprechenden Jahr erstattet wurde. Das Schöne an der Kirchensteuer ist nämlich, dass man sie absetzen darf.

Der zweite Punkt der Anlage Sonderausgaben sind Spenden.[45] Bis 300 Euro reicht hier ein vereinfachter Zuwendungsnachweis, über 300 Euro braucht man eine Spendenbescheinigung.[46] Man sollte, bevor man die Spende in seiner Steuererklärung ansetzt, schauen, ob man an eine gemeinnützige, mildtätige oder kirchliche Organisation gespendet hat, die auch wirklich steuerlich begünstigt ist.

Spenden an Angehörige kann man leider nicht von der Steuer absetzen.

Bei Spenden außerhalb Deutschlands wird es ebenfalls schwierig. Man sollte also möglichst an eine gemeinnützige deutsche Organisation spenden, die sich dann um Angelegenheiten im Ausland kümmert. Bevor man spendet, kann man auch nachfragen, ob Spenden an die jeweilige Organisation von der Steuer absetzbar sind. Die meisten Organisationen, bei denen das möglich ist, haben dies auch auf ihrer Homepage ausgewiesen.

Spenden an politische Parteien (einzutragen in Zeile 7 der Anlage Sonderausgaben) sind übrigens besonders steuerlich begünstigt. Bei Spenden bis 1.650 Euro im Jahr (Zusammenveranlagte: bis 3.300 Euro) werden 50 Prozent der Spende von der festgesetzten Einkommensteuer abgezogen. Bis zu 20 Prozent des Gesamtbetrags der Einkünfte sind als Spende steuerlich begünstigt.[47]

Der dritte Punkt der Anlage Sonderausgaben verleitet viele dazu, falsche Eintragungen vorzunehmen:

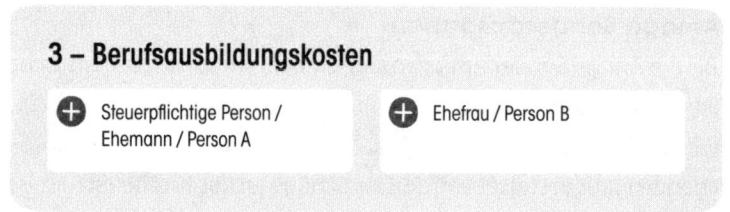

Denn bei den Berufsausbildungskosten handelt es sich lediglich um Kosten im Rahmen der ersten Berufsausbildung. Hierzu bitte Seiten 37 bis 39 lesen. Dort ist der Unterschied genau erklärt.[48]

Ein weitere Punkt in der Anlage Sonderausgaben ist der Unterhalt an den geschiedenen Ehegatten/Lebenspartner unter Punkt 4, Zeile 38.

> **Unterhaltsleistungen laut Anlage U – ohne Kindesunterhalt – an den**
>
> – geschiedenen Ehegatten, Lebenspartner einer aufgehobenen Lebenspartnerschaft
>
> – dauernd getrennt lebenden Ehegatten / Lebenspartner

Man kann aber den Unterhalt nur als Sonderausgabe absetzen, wenn der Ex-Partner den Unterhalt selbst versteuert. Deshalb braucht es auch die Zustimmung des Unterhaltsempfängers per Unterschrift.[49]

Anlage Vorsorgeaufwand

Bei der letzten Anlage, die ich hier in diesem Abschnitt kurz vorstellen möchte, handelt es sich um die Anlage Vorsorgeaufwand. Hier werden unter Punkt 1 der Anlage insbesondere die Arbeitnehmeranteile zur gesetzlichen Rentenversicherung in Zeile 4 thematisiert:

1 – Beiträge zur Altersvorsorge

Steuerpflichtige Person / Ehemann / Person A

4	Arbeitnehmeranteil laut Nummer 23 a/b der Lohnsteuerbescheinigung	*Euro*
		300

Außerdem der Arbeitgeberanteil, einzutragen in Zeile 9:

9	Arbeitgeberanteil / -zuschuss laut Nummer 22 a/b der Lohnsteuerbescheinigung	
		304

Hat man die vorausgefüllte Steuererklärung mit dem Belegabruf beantragt, werden diese Zahlen hier automatisiert eingesetzt.

Beiträge zu bestimmten Versicherungen sind Vorsorgeaufwendungen. Bei Vorsorgeaufwendungen wird zwischen Beiträgen zur Altersvorsorge (Rente) und den sonstigen Vorsorgeaufwendungen unterschieden.

Gleiches gilt für die Arbeitnehmerbeiträge zur gesetzlichen Kranken- und Pflegeversicherung, die unter Punkt 2 in Zeile 11 und 13 eingesetzt werden.

Ist man privat krankenversichert, muss man die Beiträge erst unter Punkt 3 eintragen.[50]

Beiträge zur inländischen privaten Kranken- und Pflegeversicherung

Steuerpflichtige Person / Ehemann / Person A

23	Beiträge zu privaten Krankenversicherungen (nur Basisabsicherung, keine Wahlleistungen)	Euro
24	Beiträge zu Pflege-Pflichtversicherungen	Euro
25	Von der privaten Kranken- und / oder Pflege-Pflichtversicherung erstattete Beiträge	Euro
26	Zuschuss von dritter Seite zu den Beiträgen laut Zeile 23 und / oder 24 (zum Beispiel von der Deutschen Rentenversicherung)	Euro

Beiträge zu Wahlleistungen / Zusatzversicherungen

27	Über die Basisabsicherung hinausgehende Beiträge zu Krankenversicherungen (zum Beispiel für Wahlleistungen, Zusatzversicherungen) und / oder zu zusätzlichen Pflegeversicherungen abzüglich erstatteter Beiträge	Euro

Man muss hier allerdings unterscheiden, welcher Anteil der privaten Versicherung auf die Basisabsicherung (Steuertipp dazu auf Seite 203) und welcher Anteil auf Wahlleistungen (Zusatzversicherung) entfällt. Letzterer ist erst in Zeile 28 einzutragen.

Unter Punkt 7 der Anlage Vorsorgeaufwand werden weitere sonstige Vorsorgeaufwendungen abgefragt. Auch hier muss man (wenn man die vorausgefüllte Steuererklärung nicht beantragt hat) eine Information aus der Lohnsteuerbescheinigung einsetzen, nämlich die Arbeitnehmerbeiträge zur Arbeitslosenversicherung:

Arbeitnehmerbeiträge zur Arbeitslosenversicherung laut Nummer 27 der Lohnsteuerbescheinigung

Person	Arbeitnehmerbeiträge zur Arbeitslosenversicherung laut Nummer 27 der Lohnsteuerbescheinigung
45 Steuerpflichtige Person / Ehemann / Person A	Euro
	335

Außerdem werden hier weitere Versicherungen eingetragen; man sollte also die Beitragsrechnungen der Versicherungsunternehmen bereithalten. Man muss allerdings bedenken, dass man für die nachfolgend aufgezählten sonstigen Versicherungen zusammen mit den Krankenversicherungsbeträgen jährlich maximal 1.900 Euro berücksichtigen kann. Dieser Höchstbetrag wird meist schon durch die Krankenversicherungsbeiträge ausgenutzt, sodass sich die anderen Versicherungen meist gar nicht auswirken. Es werden unter anderem folgende Versicherungsbeiträge eingetragen:

» Beiträge (abzüglich steuerfreier Zuschüsse und erstatteter Beiträge) zu freiwilligen eigenständigen Erwerbs- und Berufsunfähigkeitsversicherungen

» Beiträge (abzüglich steuerfreier Zuschüsse und erstatteter Beiträge) zu Unfall- und Haftpflichtversicherungen sowie Risikoversicherungen, die nur für den Todesfall eine Leistung vorsehen[51]

» Beiträge (abzüglich steuerfreier Zuschüsse und erstatteter Beiträge) zu Rentenversicherungen mit Kapitalwahlrecht und Kapitallebensversicherungen mit mindestens 12 Jahren Laufzeit und Laufzeitbeginn sowie erster Beitragszahlung vor dem 01.01.2005

» Beiträge (abzüglich steuerfreier Zuschüsse und erstatteter Beiträge) zu Rentenversicherungen ohne Kapitalwahlrecht mit Laufzeitbeginn und erster Beitragszahlung vor dem 01.01.2005 (auch steuerpflichtige Beiträge zu Versorgungs- und Pensionskassen).

Hat man diese Sachverhalte eingetragen, ist man in unserem Beispielsfall erfolgreich durch die erste Steuererklärung gekommen!

Steuererklärung prüfen und abgeben

Nun kann man die Steuererklärung prüfen und gegebenenfalls vergessene Angaben ergänzen.

Gefundene Fehler und Unklarheiten werden folgendermaßen dargestellt:

 **Eingeben** und Daten übernehmen

 **Prüfen** und Steuer berechnen

 **Versenden** des Formulars

Est unbeschränkt (Est 1 A) 2021

 Gefundene Fehler und Konflikte

Bitte machen Sie Angaben im Bereich Steuernummer.

» Startseite des Formulars

Der Satz nach dem Ausrufezeichen sagt einem, was fehlt, hier zum Beispiel eine Steuernummer. Der Link unter dem Satz erklärt, wo etwas fehlt; dann kann man darauf klicken und die fehlenden Angaben ergänzen, wie hier die fehlende Steuernummer.

So ergänzt man alle Felder, bis die Steuererklärung keine Fehler und Konflikte mehr aufweist.

Man kann dann nochmals auf „Prüfen" klicken, und es wird, wenn keine Unstimmigkeiten bzw. Lücken mehr vorhanden sind, eine (unverbindliche) Steuerberechnung ausgespuckt:

Prüfungsmodus – Ihre Eingaben wurden geprüft

 Es sind keine Fehler vorhanden.

Hier kann eine vorläufige unverbindliche Steuerberechnung durchgeführt werden. Im nächsten Schritt erhalten Sie eine Übersicht Ihrer Eingaben und können das Formular versenden.

Steuerberechnung (unverbindlich)

Erstattung: 1.080,03 €

Detaillierte Steuerberechnung

Weiter

Nun kann man auf „Weiter" klicken, sich nochmals eine zusammengefasste Version der eben erstellten Steuererklärung anschauen und diese dann auch schon absenden.

Ich versichere, die Angaben in dieser Steuererklärung wahrheitsgemäß nach bestem Wissen und Gewissen gemacht zu haben.

Hinweis nach den Vorschriften der Datenschutzgesetze

Die mit der Steuererklärung oder dem Antrag angeforderten Daten werden aufgrund der §§ 149, 150 und 181 Absatz 2 der Abgabenordnung, der §§ 25, 46, und 51a Absatz 2d des Einkommensteuergesetztes sowie des § 14 Absatz 4 des Fünften Vermögensbildungsgesetzes erhoben. Informationen über die Verarbeitung personenbezogener Daten in der Steuerverwaltung und über Ihre Rechte nach der Datenschutz-Grundverordnung sowie über Ihre Ansprechpartner in Datenschutzfragen entnehmen Sie bitte dem allgemeinen Informationsschreiben der Finanzverwaltung. Dieses Informationsschreiben finden Sie unter www.finanzamt.de (unter der Rubrik „Datenschutz") oder erhalten Sie bei Ihrem Finanzamt.

Absenden

Fertig.

Nun dauert es ein paar Wochen (und manchmal Monate), bis der Steuerbescheid und somit auch das Geld auf dem Konto eintrifft.

MEHR NETTO VOM BRUTTO?

W ie man in den vergangenen Kapiteln bereits gesehen hat, kann man mittels einer Steuererklärung einiges von der Steuer absetzen und sich somit Geld zurückholen. Man bekommt es aber über die Steuererklärung immer erst frühestens im Folge-jahr zurück.

Wenn man allerdings aktuell knapp bei Kasse ist, gibt es auch Möglichkeiten, schon im laufenden Jahr mehr zu bekommen: das kann einerseits Geld, das können andererseits aber auch steuer-freie Gehaltsextras sein.

ANTRAG AUF LOHNSTEUER-ERMÄSSIGUNG

Man kann auf *www.elster.de* auch schon, bevor man eine Steuerer-klärung macht, einen Antrag auf Lohnsteuer-Ermäßigung stellen.[52] Normalerweise berücksichtigt das Finanzamt Aufwendungen erst, wenn sie entstanden sind. Über besagten Antrag kann man aber auch Aufwendungen nachweisen, die voraussichtlich im Kalender-jahr entstehen werden. Dann bekommt man einen Freibetrag vom

Finanzamt zugebilligt, den der Arbeitgeber in Abzug bringt, wodurch mehr Nettogehalt vom Bruttogehalt ausgezahlt wird.

Bis zum 30. November des laufenden Jahres kann der Antrag auf Lohnsteuer-Ermäßigung gestellt werden. Bei Genehmigung gilt der Freibetrag in der Regel für zwei Jahre, bevor der Antrag erneut gestellt werden muss. Damit der Antrag genehmigt werden kann, müssen mindestens 1.800 Euro an voraussichtlichen Kosten pro Jahr nachgewiesen werden.

Das ergibt sich beispielsweise durch einen Arbeitsweg von 30 Kilometer bei 230 Arbeitstagen.

Außer Fahrtkosten können auch noch weitere Werbungskosten aus der Arbeitnehmertätigkeit angesetzt werden, wenn diese den Pauschbetrag von 1.200 Euro überschreiten:

» Arbeitsmittel (wie Fachliteratur, Werkzeuge, typische Berufskleidung)
» Reisekosten (wie Fahrt-, Übernachtungskosten, Verpflegungsmehraufwendungen bei einer Auswärtstätigkeit), soweit diese nicht vom Arbeitgeber steuerfrei ersetzt werden.

Außerdem können Sonderausgaben angesetzt werden, sofern diese den Pauschbetrag von 36 Euro überschreiten.

» Unterhaltsleistungen an geschiedene oder dauernd getrennt lebende Ehegatten, an Lebenspartner nach einer Auflösung der Lebenspartnerschaft oder den dauernd getrennt lebenden Lebenspartner
» lebenslange und wiederkehrende Versorgungsleistungen sowie Ausgleichsleistungen zur Vermeidung eines Versorgungsausgleichs und Ausgleichszahlungen im Rahmen des Versorgungsausgleichs

» Aufwendungen für die erstmalige Berufsausbildung oder ein Erststudium bis zu 6.000 Euro im Jahr
» Kinderbetreuungskosten in Höhe von zwei Dritteln der Aufwendungen, höchstens jedoch 4.000 Euro je Kind, wenn das Kind zum Haushalt gehört.

Außergewöhnliche Belastungen sind ein weiterer Aspekt, der hier greift, zum Beispiel für den Sonderbedarf eines Kindes in der Berufsausbildung, bei Unterstützungsleistungen an bedürftige Angehörige oder wenn man einen Behinderten-Pauschbetrag in Anspruch nehmen kann.

 **ESPRESSO-TIPP:**

Weitere Gründe, die man im Antrag vermerken kann, sind beispielsweise negative Einkünfte aus gewerblicher, freiberuflicher oder landwirtschaftlicher Tätigkeit oder aufgrund von Verlusten aus einer vermieteten Immobilie.

Wird der Antrag auf Lohnsteuer-Ermäßigung genehmigt und der Arbeitgeber ruft den Freibetrag dann über die zentrale ELStAM-Datenbank der Finanzverwaltung ab, wird ein höheres Nettogehalt ausgezahlt. Im laufenden Jahr hat man mehr auf dem Konto. Allerdings muss man spätestens mit der Lohnsteuer-Ermäßigung eine Steuererklärung abgeben.

Erreicht man die im Antrag angegebenen voraussichtlichen Kosten jedoch nicht, kann es in der Steuererklärung zu Nachzahlungen kommen.

WELCHE NEBENEINKÜNFTE MUSS ICH NICHT VERSTEUERN?

Ist man neben seinem Hauptjob nebenbei noch freiberuflich oder gewerblich tätig, darf man Einkünfte bis zu 410 Euro pro Jahr (Vorsicht: nicht im Monat!), erzielen, ohne dass Steuern fällig werden.[53] Einkünfte bedeuten, dass man von seinen Einnahmen die Betriebsausgaben abziehen darf.

Nehmen wir etwa an, jemand gibt Nachhilfeunterricht und nimmt damit 500 Euro im Jahr 2022 ein, hat aber Kosten für Fachliteratur von 100 Euro, dann werden keine Steuern fällig, weil man damit nur 400 Euro verdient.

Überschreitet man hingegen die 410-Euro-Grenze, ist man verpflichtet, eine Steuererklärung abzugeben, und muss diese Einkünfte auch versteuern.

Bei einer freiberuflichen Tätigkeit trägt man diese Einkünfte in der Anlage S und bei gewerblichen Einkünften in der Anlage G ein. Näheres zum Nebengewerbe später.

Bei Vermietungen gegen Entgelt von beweglichen Gütern, wie zum Beispiel einem Auto, müssen die Einnahmen in der Regel versteuert werden. Die erzielten Einkünfte bleiben hier nur bis 256 Euro pro Jahr steuerfrei.[54]

Diese Freigrenze gilt auch für Vermittlungsprovisionen, wenn man beispielsweise einmal im Jahr einen Versicherungsvertrag vermittelt. Man trägt diese sonstigen Einkünfte in die Anlage SO der Steuererklärung ein.

Werden Gegenstände des täglichen Gebrauchs verkauft, wie zum Beispiel ein Auto, muss man das nicht versteuern. Es kommt aber immer auf den Umfang des Geschäfts an. Ausnahmen kann es im Falle des Verkaufs mehrerer Autos geben, oder wenn man einen wertvollen Oldtimer veräußert, da dieser nicht mehr als Gegenstand des täglichen Gebrauchs gilt.

Verkauft man hingegen keine Gegenstände des täglichen Gebrauchs und handelt es sich somit um ein privates Veräußerungsgeschäft, zum Beispiel um eine vermietete Immobilie oder Kryptowährungen, muss man diese versteuern.[55] (Ausnahmen bei Immobilien und bei Kryptowährungen werden an späterer Stelle beschrieben.)

| EHRENAMTLICHE TÄTIGKEITEN

Nicht wenige Menschen gehen neben ihrem Hauptjob einer weiteren Beschäftigung nach. Ist man nebenberuflich als Ausbilder, Dozent, Pfleger, Erzieher oder Künstler tätig, kann man mit der Übungsleiterpauschale bis zu 3.000 Euro im Jahr steuer- und sozialversicherungsfrei dazuverdienen.[56] Zum Beispiel auch, wenn man als Trainer in einem Fußballverein aktiv ist. Verdient man damit mehr als 3.000 Euro im Jahr, ist der das Limit übersteigende Betrag steuerpflichtig. Je nach Konstellation muss dann entweder der Verein eine Lohnabrechnung machen, oder die Einkünfte müssen als selbstständige Einkünfte auch in der eigenen Steuererklärung angegeben werden.

Man darf auch nicht zu lange arbeiten, um noch in den Genuss dieser steuerfreien Pauschale zu kommen, die Tätigkeit muss noch als nebenberuflich gelten. Das ist sie, wenn die Stundenzahl 1/3 der Arbeitszeit einer vergleichbaren Vollzeitbeschäftigung nicht überschreitet. Aber auch als Hausmann oder Hausfrau, ohne weiteren Job, kann man diese 3.000 Euro steuerfrei erhalten.

Der Abzug von Werbungskosten bzw. Betriebsausgaben ist hier nur insoweit zulässig, als die Einnahmen den steuerfreien Betrag von 3.000 Euro überschreiten. Wenn man also 3.000 im Jahr steuerfrei bekommt, aber Fahrtkosten in Höhe von 300 Euro hat, kann man diese nicht absetzen.

Liegen die Einnahmen unter dem Freibetrag, haben die Finanzämter bislang auch den Abzug von Verlusten abgelehnt und die Einkünfte mit 0 Euro angesetzt. Ein darüber hinausgehender Kostenabzug, der zu einem Verlust führen würde, war ausgeschlossen. Zumindest der Bundesfinanzhof lässt jedoch nun eine Verlustberücksichtigung auch dann zu, wenn die Einnahmen unterhalb des Freibetrags liegen. Voraussetzung ist allerdings, dass sich die nebenberufliche Tätigkeit nicht als Liebhaberei darstellt, sondern mit der Absicht zur Einkünfteerzielung ausgeübt wird.[57]

Über die Übungsleiterpauschale hinaus gibt es noch die Ehrenamtspauschale bis zu 840 Euro jährlich für nebenberufliche Funktionärstätigkeiten, etwa als Vereinsvorstand.[58]

Als Trainer in einem Fußballverein beispielsweise kann man nicht beide steuerfreien Pauschalen erhalten. Es ist aber möglich, wenn man die Übungsleiterpauschale als Coach bekommt, dass man für andere Tätigkeiten im Verein auch noch die Ehrenamtspauschale einstreicht.

| MINIJOBS

Etwa sieben Millionen Menschen in Deutschland haben einen Minijob. Die große Beliebtheit der Minijobs ist unter anderem deswegen gegeben, weil man als Arbeitnehmer im Regelfall keine Steuern zahlen muss. Der Arbeitgeber übernimmt die Pauschalsteuer in Höhe von 2 Prozent des Verdienstes, und somit muss ihn der Minijobber in der Steuererklärung nicht angeben.

Es besteht für den Arbeitgeber aber auch die Möglichkeit, die 2 Prozent Pauschalsteuer nicht zu übernehmen, dann muss der Arbeitnehmer seinen Minijob in der Steuererklärung angeben. Das ist aber der Ausnahmefall, kann allerdings Sinn machen, wenn der Arbeitnehmer aufgrund seines Verdienstes unter dem Grundfreibetrag sowieso keine Steuern bezahlt. Zum Beispiel weil der Minijob die einzige Einnahmequelle ist.[59]

520-Euro-Minijobs

Hat man als Minijobber keine versicherungspflichtige Hauptbeschäftigung, kann man mehrere Minijobs parallel ausüben. Aber Vorsicht, das gilt nur, wenn man mit mehreren Minijobs insgesamt nicht mehr als 520 Euro monatlich verdient. Also zum Beispiel 2 × 260 Euro.

Wenn man neben seinem ganz normalen versicherungspflichtigen Job auch einen Minijob übernehmen will, darf man sich nur für genau einen – also nicht mehrere – entscheiden.

Und Vorsicht, Sonderzahlungen wie etwa Urlaubsgeld zählen zum Verdienst eines Minijobbers dazu. Übersteigt der Verdienst durch die Sonderzahlungen die jährliche Obergrenze von maximal 6.240 Euro, handelt es sich bereits ab Beschäftigungsbeginn um keinen Minijob mehr. Übertrifft man als Minijobber den Jahreshöchstverdienst jedoch nur gelegentlich (bis zu drei Mal in einem Zwölf-Monats-Zeitraum) und zudem unvorhersehbar (z. B. wegen spontaner Krankheitsvertretung), bleibt die Tätigkeit trotz allem ein Minijob. Saisonale Mehrarbeit ist dabei allerdings nicht „unvorhersehbar"; überschreitet man deswegen als Arbeitnehmer die Obergrenze, muss der gesamte Lohn versteuert werden.[60]

 **ESPRESSO-TIPP:**

Hat man als Minijobber jedoch steuerfreie zusätzliche Einnahmen, zählen diese nicht zum Verdienst. Dazu gehören Zuschläge und Zuschüsse, wie zum Beispiel Sonn-, Feiertags- und Nachtarbeitszuschläge sowie weitere steuerfreie Extras.

Neben den 520-Euro-Minijobs gibt es auch noch kurzfristige Minijobs, bei denen man mehr verdienen kann als 520 Euro.

Kurzfristige Minijobs

Als kurzfristiger Minijob gilt eine Beschäftigung, die von vornherein auf einen Zeitraum von drei Monaten oder die Dauer von 70 Arbeitstagen befristet ist. Bei der Addition mehrerer Zeiträume treten an die Stelle von drei Monaten 90 Kalendertage, wobei ein voller Zeitmonat jeweils mit 30 Kalendertagen berücksichtigt wird.

Ein kurzfristiger Minijob liegt bereits ab dem Zeitpunkt nicht mehr vor, wenn man als Arbeitgeber absehen kann, dass die Aushilfe die Zeitgrenzen von drei Monaten oder 70 Arbeitstagen überschreitet. Übt der Minijobber seine Beschäftigung nicht nur gelegentlich, sondern dauerhaft oder regelmäßig wiederkehrend aus, ist es kein kurzfristiger Minijob. Das gilt selbst dann, wenn der Minijobber im Kalenderjahr nicht mehr als 70 Arbeitstage tätig ist.

Ein typischer kurzfristiger Minijob ist also auf Einmaligkeit ausgerichtet, dafür unterliegt man als kurzfristiger Minijobber jedoch generell keiner Verdienstbeschränkung. Nur wenn man aber über 520 Euro monatlich verdient, muss der Arbeitgeber prüfen, ob der Minijobber berufsmäßig arbeitet. Wer berufsmäßig arbeitet, darf nicht kurzfristig beschäftigt werden und hat damit auch keinen Minijob. Berufsmäßig heißt: Die Beschäftigung ist für die Aushilfe nicht von untergeordneter wirtschaftlicher Bedeutung, sondern sie sichert damit den Lebensunterhalt.[61]

Man kann kurzfristige Minijobs auf zwei Arten versteuern:

» individuell nach der Steuerklasse (wie bei einem normalen Job)
» unter bestimmten Voraussetzungen pauschal in Höhe von 25 Prozent.[62] (Das heißt, der Arbeitgeber kann die Steuer auch hier übernehmen, wenn er dies denn möchte.)

Erfüllt der kurzfristige Minijob folgende Vorgaben, ist eine pauschale Lohnsteuer von 25 Prozent möglich:

» Man ist als Minijobber gelegentlich – nicht regelmäßig wiederkehrend – beschäftigt
» Die Beschäftigung dauert nicht länger als 18 zusammenhängende Arbeitstage
» Der Verdienst liegt maximal durchschnittlich bei 120 Euro pro Arbeitstag.
» Der durchschnittliche Stundenlohn beträgt maximal 15 Euro.

Seit dem 1. Januar 2022 müssen Arbeitgeber bei der Anmeldung von kurzfristig Beschäftigten bei der Minijob-Zentrale zusätzlich angeben, ob diese privat oder gesetzlich krankenversichert sind, das sollte man dem Arbeitgeber also sofort mitteilen, wenn man die Stelle antritt.

| NEBENJOB

Fällt die Art der Beschäftigung weder unter die Kategorie Minijob noch unter die bereits genannten Ausnahmen, muss man für seinen Nebenjob als Arbeitnehmer Sozialversicherungsbeiträge zahlen, und der Nebenjob wird vom Arbeitgeber in der Steuerklasse 6 abgerechnet.

Die Steuerabzüge durch die Steuerklasse 6 sind hoch, aber wie bei einer normalen Gehaltserhöhung lohnt sich eine zusätzliche Entlohnung auch bei einem Nebenjob. Da es nur ein zu versteuerndes Einkommen gibt, ist es egal, ob man es aus einem oder zwei Jobs bekommt, zumindest, wenn man eine Steuererklärung abgibt, und die ist mit Steuerklasse 6 obligatorisch.

Sicherlich kann man Nebeneinkünfte nicht nur aus einer Angestelltentätigkeit beziehen, sondern auch selbstständig etwas dazuverdienen. Was man dabei beachten muss, wird später noch erklärt.

STEUERFREIE GEHALTSEXTRAS

M an kann aber auch im bestehenden Job etwas steuerfrei dazuverdienen. Manche Gehaltsextras führen dazu, dass auf diese, im Gegensatz zu einer normalen Gehaltserhöhung, keine Steuern und Sozialversicherungsbeiträge fällig werden. Seit 2020 müssen diese steuerfreien Gehaltsbestandteile überwiegend zusätzlich zum ohnehin geschuldeten Arbeitslohn gezahlt werden. Gehaltsumwandlungen wiederum sind nur noch in Ausnahmefällen vorgesehen. Wie aber kann der Arbeitgeber dem Arbeitnehmer überhaupt etwas steuerfrei zukommen lassen? Da gibt es mehrere Möglichkeiten, die im Folgenden vorgestellt werden.

50 EURO MONATLICHE SACHBEZÜGE

Der Arbeitgeber kann dem Arbeitnehmer zusätzlich zum Gehalt monatlich 50 Euro steuerfreie Sachbezüge zukommen lassen.[63] In der Praxis sind das beispielsweise Tankgutscheine.

Diese Sachbezugsfreigrenze wurde ab 2022 von 44 Euro auf 50 Euro im Monat erhöht, gleichzeitig sind aber auch verschärfte

Gutscheinregelungen in Kraft getreten. Konnte der Arbeitgeber dem Arbeitnehmer früher gefühlt alle Gutscheine und Geldkarten als Sachbezüge steuerfrei überreichen, da es ja nicht direkt in barer Münze gezahlt wurde, traten 2020 Verschärfungen in Kraft. Zudem gab es im März 2022 ein umfangreiches Schreiben des Bundesfinanzministeriums, bei dem nochmals klar zwischen einer steuerpflichtigen Geldleistung und einem Sachbezug unterschieden worden ist.

Damit ist die Ausgabe von Gutscheinen oder Geldkarten durch den Arbeitgeber, die nicht ausschließlich zum Bezug von Waren oder Dienstleistungen berechtigen, nicht mehr möglich. Sprich Geld-auszahlungsfunktionen an diesen Geldkarten führen zu einer Be-steuerung. Stets als Geldleistung und somit nicht steuerfrei sind insbesondere Gutscheine oder Geldkarten, die

» über eine Barauszahlungsfunktion verfügen,
» über eine eigene Internationale Bankkontonummer (IBAN) verfügen,
» für Überweisungen (wie PayPal) verwendet werden können,
» für den Erwerb von Devisen (wie Britische Pfund, US-Dollar, Schweizer Franken) oder Kryptowährungen (wie Bitcoin, Ethereum) verwendet werden können,
» als generelles Zahlungsinstrument hinterlegt werden können.

Das geht alles nicht (mehr).

Vorgesehen sind hingegen Sachbezüge mit einem begrenzten Kreis von Akzeptanzstellen, zum Beispiel:
» bei städtischen Einkaufs- und Dienstleistungsverbünden im Inland oder im Internetshop der jeweiligen Akzeptanzstelle

» bei Akzeptanzstellen, die sich auf eine bestimmte inländische Region (beispielsweis mehrere benachbarte Städte und Gemeinden) erstrecken (hier kann eine ausreichende Begrenzung auch vorliegen, wenn der Einsatz auf bestimmte Kreditkartenunternehmen begrenzt wird).

» bei Einkaufs- und Dienstleistungsverbünden, die – auch bundeslandübergreifend – durch unmittelbar räumlich anschließende zweistellige Postleitzahlen-Bezirke begrenzt werden (dabei werden Städte und Gemeinden, die jeweils in zwei PLZ-Bezirke fallen, als ein PLZ-Bezirk betrachtet); es bestehen keine Bedenken, wenn die Auswahl dieser PLZ-Bezirke durch den Arbeitnehmer erfolgt oder

» aus Vereinfachungsgründen bei Gutscheinen oder Guthabenkarten zum Bezug von Waren oder Dienstleistungen von einer bestimmten Ladenkette (einem bestimmten Aussteller) in den einzelnen Geschäften im Inland oder im Internetshop dieser Ladenkette mit einheitlichem Marktauftritt (signalisiert durch ein Symbol, ein Logo etc.); die Art des Betriebs (zum Beispiel eigene Geschäfte, im Genossenschafts- oder Konzernverbund, über Agenturen oder Franchisenehmer) ist unerheblich. Entsprechendes gilt, wenn sich der Arbeitnehmer vor Übergabe des Gutscheins oder vor Aufladung des Guthabens auf die Geldkarte aus verschiedenen Ladenketten je eine auswählen kann.

» Das sind zum Beispiel:
  » wiederaufladbare Geschenkkarten für den Einzelhandel
  » Shop-in-shop-Lösungen mit Hauskarte
  » Tankgutscheine oder -karten eines einzelnen Tankstellenbetreibers zum Bezug von Waren oder Dienstleistungen in seiner Tankstelle

» von einer bestimmten Tankstellenkette (einem bestimmten Aussteller) ausgegebene Tankgutscheine oder -karten zum Bezug von Waren oder Dienstleistungen in den einzelnen Tankstellen mit einheitlichem Marktauftritt; die Art des Betriebs ist unerheblich
» ein vom Arbeitgeber selbst ausgestellter Gutschein, zum Beispiel Tankgutschein, hierzu zählt auch eine Berechtigung zum Tanken, wenn die Akzeptanzstellen (Tankstelle oder Tankstellenkette) aufgrund des Akzeptanzvertrags (beispielsweise ein Rahmenvertrag) unmittelbar mit dem Arbeitgeber abrechnen
» Karten eines Onlinehändlers, die nur zum Bezug von Waren oder Dienstleistungen aus seiner eigenen Produktpalette (Verkauf und Versand durch den Onlinehändlers) berechtigen, nicht jedoch, wenn sie auch für Produkte von Fremdanbietern (wie Marketplace) einlösbar sind
» Centergutscheine oder Kundenkarten von Shoppingcentern, Malls und Outlet-Villages,
» „City-Cards", Stadtgutscheine.

Das geht alles. Es gibt also immer noch genügend Möglichkeiten für den Arbeitgeber, dem Arbeitnehmer jeden Monat einen steuerfreien 50-Euro-Gutschein zusätzlich zum Gehalt zu geben, wenn man diese Vorgaben beachtet.

Weitere Abgrenzungen, was ein Sachbezug ist und was nicht, kann man im genannten Schreiben des Bundesfinanzministeriums vom 15. März 2022 nachlesen.

Wichtig ist jedenfalls, dass der 50-Euro-Sachbezug auch monatlich überreicht wird. Denn wenn man beispielsweise in einem Monat 100 Euro an Sachbezügen bekommt und im folgenden Monat nichts, ist das nicht mehr steuerfrei. Dann muss der Arbeitnehmer den kompletten Betrag versteuern. Ausnahmen hiervon zeigt das nächste Kapitel auf.

| 60 EURO & HÖHERE JÄHRLICHE SACHBEZÜGE

Wenn es nicht gerade steuerfreie Sachbezüge bis 50 Euro im Monat sind, gehören Geschenke vom Arbeitgeber an den Arbeitnehmer zum steuerpflichtigen Arbeitslohn. Sachzuwendungen, also keine Geldgeschenke, bis zu einem Wert von 60 Euro brutto, die zum Anlass eines besonderen persönlichen Ereignisses vom Arbeitgeber an den Arbeitnehmer überreicht werden, sind jedoch steuerfrei. Der Klassiker: ein Blumenstrauß zum Geburtstag.

Es kann aber auch mehrfach im Jahr zu einem solchen besonderen persönlichen Ereignis kommen, etwa durch die Geburt eines Kindes, eine Hochzeit, die silberne beziehungsweise goldene Hochzeit, die Kommunion/Konfirmation, die Taufe eines Kindes, eine Diensteinführung, einen Amts- oder Funktionswechsel, ein rundes Arbeitnehmerjubiläum oder die Verabschiedung.[64]

Ein allgemeines Ereignis wie das Jubiläum der Firma und nicht des Arbeitnehmers zählt hingegen nicht dazu.

Wird die Grenze von 60 Euro überschritten, ist das Geschenk in voller Höhe vom Arbeitnehmer zu versteuern. Und nicht nur der die Obergrenze übersteigende Betrag.

 **ESPRESSO-TIPP:**

Wenn das Geschenk betrieblich veranlasst ist und zusätzlich zum Gehalt überreicht wird, kann der Arbeitgeber eine Pauschalversteuerung von 30 Prozent übernehmen, damit es für den Arbeitnehmer steuerfrei bleibt.[65]

Nehmen wir mal an, der Arbeitgeber will dem Arbeitnehmer eine Kaffeemaschine für 600 Euro schenken, dann sind die 60 Euro zwar weit überschritten, aber der Arbeitgeber kann dem Arbeitnehmer das Präsent mit der Übernahme der Pauschalsteuer trotzdem steuerfrei schenken. Der Arbeitgeber muss in diesem Fall zusätzlich noch den Solidaritätszuschlag und eine pauschale Kirchensteuer übernehmen, was dann zu einer Belastung von insgesamt 33,75 Prozent führt.

Wird all dies jedoch übernommen, liegt die Höchstgrenze je Zuwendung und Empfänger relativ hoch, nämlich jährlich bei 10.000 Euro. Bei Mitarbeitern, die mit ihrem Jahresgehalt die Beitragsbemessungsgrenze nicht überschreiten, müssen für die Geschenke neben der pauschalen Lohnsteuer auch noch Sozialversicherungsabgaben abgeführt werden.[66]

Man kann als Arbeitnehmer also auch eine teurere Kaffeemaschine oder eben mehrere Sachgeschenke bis insgesamt 10.000 Euro pro Jahr überreicht bekommen, sofern diese zusätzlich zum ohnehin geschuldeten Arbeitslohn gezahlt werden.

| GESCHENKE BEI BETRIEBSVERANSTALTUNGEN

Zwei Mal im Jahr kann der Arbeitgeber im Rahmen einer Betriebsveranstaltung (zum Beispiel der Weihnachtsfeier) auch steuerfreie Geschenke überreichen.

Hier gilt ein Freibetrag von insgesamt 110 Euro (brutto). Dabei können Geschenke in diesen Freibetrag einbezogen werden. Nehmen wir an, Speis und Trank auf der Feier kosten 40 Euro pro Kopf, dann kann der Arbeitgeber dem Arbeitnehmer steuerfrei noch ein 70-Euro-Sachgeschenk machen.[67]

Wird der Freibetrag bei der Betriebsveranstaltung überschritten, weil der Arbeitgeber vielleicht Geschenk im Wert von 150 Euro

gemacht hat, kann dieses vom Arbeitgeber mit 25 Prozent besteuert werden, sodass der Arbeitnehmer keine Steuern darauf zahlt. [68]

| BETRIEBLICHE ALTERSVORSORGE

Der Arbeitgeber kann dem Arbeitnehmer für das Rentenalter steuerfreie
Zuzahlungen in die betriebliche Altersvorsorge zukommen lassen.[69]
   Im Jahr 2022 sind das 6.768 Euro. Beitragsfrei in der Sozialversi-
cherung ist für den Arbeitnehmer die Hälfte, also 3.384 Euro.[70] Die
Freibeträge gelten für Verträge zur betrieblichen Altersvorsorge,
die in folgenden Formen vereinbart werden:

» Einzahlungen in eine kapitalgedeckte Pensionskasse
» Direktversicherungen
» Direktzusage des Arbeitgebers mit oder ohne Hilfe
  einer Unterstützungskasse
» Einzahlungen in einen Pensionsfonds.

Voraussetzung für die Steuerfreiheit ist, dass die Altersvorsorge in
Form einer lebenslangen Rente (oder eines Auszahlungsplans mit
anschließender lebenslanger Teilkapitalverrentung) erfolgt. Sollte
ein Arbeitgeber für seine Belegschaft noch keine entsprechenden
Lösungen anbieten, empfiehlt es sich, sich Rat von seinem Steuerberater oder einem auf diesen Bereich spezialisierten Versiche-
rungsmakler zu holen.

Für Geringverdiener gibt es seit 2018 zudem ein besonderes Förder-
modell mit Blick auf die betriebliche Altersvorsorge.
   Als Geringverdiener im Sinne der betrieblichen Altersvorsorge
gilt man mit einem Arbeitslohn bis 2.575 Euro im Monat. Unberücksichtigt bleiben hierbei steuerfreie Lohnteile, wie beispielsweise die

steuerfreien Arbeitgeberbeiträge zur betrieblichen Altersvorsorge.

Der Staat unterstützt durch einen Zuschuss: Dabei werden, zusätzlich zum Gehalt, Arbeitgeberbeiträge zur betrieblichen Altersvorsorge bis zu 960 Euro jährlich gefördert. Der staatliche Zuschuss beträgt dann zusätzlich 30 Prozent des gesamten zusätzlichen Arbeitgeberbeitrags, für Geringverdiener somit bis zu 288 Euro jährlich.

Der Mindestbeitrag, der vom Arbeitgeber gezahlt werden muss, beträgt 240 Euro, damit der Arbeitgeber die 30 Prozent Zuschuss erhält.

Ab Januar 2022 muss jeder Arbeitgeber, der eine Entgeltumwandlung über eine Direktversicherung, Pensionskasse oder einen Pensionsfonds durchführt und dabei Sozialversicherungsbeiträge einspart, 15 Prozent des umgewandelten Entgelts (höchstens aber die eingesparten Sozialversicherungsbeiträge) als Zuschuss leisten. Vor 2022 betraf das nur Neuzusagen ab dem 1. Januar 2019.[71]

| ERHOLUNGSBEIHILFE

Es ist außerdem möglich, dass sich der Arbeitgeber am Urlaub des Arbeitnehmers in Form einer sogenannten Erholungsbeihilfe beteiligt. Diese ist, zwar nur bei typischen Berufskrankheiten komplett steuerfrei, aber der Arbeitgeber kann die Zuschüsse pauschal mit 25 Prozent versteuern. Dann sind die Zuschüsse zum Urlaub, auch ohne Berufskrankheit, für den Arbeitnehmer steuerfrei.

Das gilt für Erholungsbeihilfen bis 156 Euro pro Jahr; wenn man verheiratet ist und/oder Kinder hat, kann der Arbeitgeber nochmals zusätzlich 104 Euro für den Ehegatten und pro Kind nochmals 52 Euro bezahlen. Die Familienangehörigen müssen dazu nicht beim selben Arbeitgeber beschäftigt sein.

Wenn man also beispielsweise verheiratet ist und zwei Kinder hat, kann man 364 Euro (156 Euro + 104 Euro + 52 Euro + 52 Euro) steuerfrei erhalten.

 **ESPRESSO-TIPP:**

Arbeitet man als Ehepaar beim selben Arbeitgeber, kann man diesen Betrag auch zweifach
erhalten, also nach diesem Beispiel 728 Euro.

Die Steuerfreiheit einer Erholungsbeihilfe gilt als erfüllt, wenn ein
zeitlicher Zusammenhang zwischen der Gewährung der Erholungsbeihilfe und dem Urlaub des Arbeitnehmers besteht. Der Urlaub muss
dabei innerhalb von drei Monaten vor oder nach der Gewährung der
Erholungsbeihilfe angetreten werden. Die Erholungsbeihilfe ist unabhängig von der Höhe des Einkommens sozialversicherungsfrei und
damit eine interessante Möglichkeit, eine Vergütung vom Arbeitgeber mit niedrigen Abgaben zu erhalten. Die pauschale Lohnsteuer auf
die Erholungsbeihilfe muss der Arbeitgeber übernehmen.[72]

| MITARBEITERBETEILIGUNGEN

Vor allem in größeren börsennotierten Unternehmen gibt es oft die
Möglichkeit für Arbeitnehmer, sich über Mitarbeiterbeteiligungen
am Unternehmen und somit auch an dessen unternehmerischem
Erfolg zu beteiligen.

Während vor allem in den USA Mitarbeiterbeteiligungen durch
sehr weitreichende Steuerbefreiungen gefördert werden, ist die
Überlassung von Kapitalbeteiligungen des Arbeitgebers an den
Arbeitnehmer, beispielsweise durch Aktienoptionen, in Deutschland noch nicht sonderlich attraktiv. Immerhin wurde der Steuer-
freibetrag ab 2021 von 360 Euro im Jahr auf aktuell 1.440 Euro
vervierfacht.[73] In meinem Instagram-Livestream mit dem jetzigen
Bundesfinanzminister Christian Lindner vom 19. Mai 2021 habe ich
das Thema angesprochen. Er teilte meine Meinung, dass dieser Betrag immer noch zu niedrig sei.

Die bloße Einräumung des Optionsrechts auf spätere Unternehmens-anteile wie Aktien wird übrigens (noch) nicht besteuert. Ein steuer-pflichtiger geldwerter Vorteil liegt erst in dem Augenblick vor, in dem der Arbeitnehmer das Optionsrecht ausübt, also seine Aktienoptionen in Aktien des Unternehmens einlöst. Aber Vorsicht, handelt es sich nur um eine einzelne Zusage für einen einzelnen Mitarbeiter, gibt es keinen Freibetrag, diese Option muss allen Mitarbeitern offenstehen.

| ESSENSMARKEN

Der Arbeitgeber kann dem Arbeitnehmer auch das Mittagessen ar-beitstäglich bezuschussen. Gewähren Arbeitgeber einen Essenszu-schuss für Mahlzeiten außerhalb des eigenen Betriebs, kann dieser entweder in Form von Essenmarken oder als Geldleistung gegen-über dem Betreiber der externen Gaststätte erfolgen. Sprich, man kann als Arbeitnehmer diesen Betrag also nicht bar oder per Über-weisung vom Arbeitgeber erhalten.

Ab 2022 gilt ein Betrag von 6,67 Euro je Arbeitstag.

Dieser Betrag setzt sich aus zwei Teilbeträgen zusammen: dem Sachbezugswert (2022: 3,57 Euro) und dem Arbeitgeberzuschuss von 3,10 Euro.

Die 3,57 Euro bilden den Pflichtanteil und sollten vom Arbeitge-ber mit 25 Prozent pauschaler Lohnsteuer zzgl. Solidaritätszuschlag plus Kirchensteuer versteuert werden, sodass der Arbeitnehmer das nicht selbst übernehmen muss.

Im Gegensatz dazu bleibt der Arbeitgeberzuschuss von 3,10 Euro komplett steuer- und sozialabgabenfrei.

Der Essenzuschuss sollte nur für 15 Tage im Monat gewährt wer-den. Dann entfallen Aufzeichnungspflichten für den Arbeitgeber hinsichtlich Fehltagen der Arbeitnehmer, beispielsweise bei Krank-heit oder Urlaub.

Somit hat man als Arbeitnehmer 15 × 6,67 Euro = 100,05 Euro pro Monat mehr zur Verfügung.[74]

| FAHRRAD

Bevor man sich ein neues Fahrrad kauft oder mietet, sollte man den Arbeitgeber fragen, ob er es ins Betriebsvermögen kauft, von der Steuer absetzt und es einem als Arbeitnehmer zur Verfügung stellt. Die private Nutzung des Dienstfahrrads als Gehaltsextra ist seit 2019 komplett steuerfrei. Das gilt auch für Pedelecs mit einer Motorunterstützung bis zu 25 Kilometer/Stunde.

Der Arbeitgeber least oder kauft ein Fahrrad oder Pedelec, übernimmt die Kosten und überlässt es dem Arbeitnehmer zusätzlich zum ohnehin geschuldeten Arbeitslohn.

Diese Steuerfreiheit gilt nicht, wenn das Fahrrad im Wege der Gehaltsumwandlung, also: weniger Gehalt für ein Fahrrad, zur Verfügung gestellt wird.

Ein Dienstfahrrad per Gehaltsumwandlung (sprich weniger Bruttogehalt) wird seit 2020 nur noch mit 0,25 Prozent der unverbindlichen Preisempfehlung versteuert. Das bedeutet, je nach Preis des Fahrrads, nur wenige Euro Steuern für den Arbeitgeber pro Monat. *Ein Beispiel:* Das Rad kostet 2.000 Euro. Bei 0,25 Prozent sind 5 Euro mit dem persönlichen Steuersatz (angenommen hier 30 Prozent) zu versteuern = 1,50 Euro Steuern im Monat im Rahmen einer Gehaltsumwandlung.

Man sollte als Arbeitnehmer aber auf jeden Fall mit dem Arbeitgeber verhandeln, dass man das Fahrrad als Gehaltsextra bekommt, damit es steuerfrei ist.

Wenn der Arbeitgeber dem Arbeitnehmer das Fahrrad oder das Pedelec schenken möchte, kann man seit 2020 den geldwerten

Vorteil aus der Übereignung des betrieblichen Fahrrads oder Pedelecs an den Arbeitnehmer pauschal mit 25 Prozent versteuern. Übernimmt der Arbeitgeber diese Pauschalversteuerung, ist das geschenkte Fahrrad für den Arbeitnehmer steuerfrei.[75]

| E-BIKE

Wenn es sich nicht um ein Pedelec bis 25 Kilometer/Stunde handelt, sondern um ein richtiges E-Bike, das steuerlich als Kraftfahrzeug zählt, dann muss man die Privatnutzung versteuern. Und zwar mit einem Prozent des auf volle 100 Euro abgerundeten Viertels der unverbindlichen Preisempfehlung.

Nehmen wir an, der Arbeitgeber stellt dem Arbeitnehmer ein E-Bike für 4.000 Euro zur Verfügung, dann muss dieser 10 Euro pro Monat (0,25 Prozent) mit dem persönlichen Steuersatz versteuern, hat also beispielsweise bei einem Steuersatz von 30 Prozent für die Nutzung eine Belastung von etwa 3 Euro pro Monat.

Wenn man damit zur ersten Tätigkeitsstätte fährt, kommen gegebenenfalls noch 0,03 Prozent je Entfernungskilometer dazu. Dazu später mehr.

Kauft der Arbeitnehmer nach der Leasingzeit dem Arbeitgeber das Rad ab, bewertet die Finanzverwaltung das E-Bike mit 40 Prozent der auf volle 100 Euro abgerundeten unverbindlichen Preisempfehlung. Also bei 4.000 Euro dann 1.600 Euro. Zahlt der Arbeitnehmer weniger, ist die Differenz steuerpflichtiger Arbeitslohn.

Man kann für den Arbeitnehmer aber auch eine Pauschalsteuer von 30 Prozent übernehmen, dann kann der Arbeitnehmer das E-Bike nach der Leasingzeit ohne zusätzliche Belastung übereignet bekommen.[76]

 **ESPRESSO-TIPP:**

Das Aufladen des E-Bikes beim Arbeitgeber ist
noch bis Ende 2030 steuerfrei möglich.[77]

FIRMENWAGEN/GARAGENSTELLPLATZ

Auch wenn nur der (Tief-)Garagenstellplatz für den Firmenwagen
komplett steuerfrei ist, ist doch der Firmenwagen das von vielen
angestrebte Gehaltsextra. Hier übernimmt der Arbeitgeber (im
Regelfall) alle Kosten für das Auto, und der Arbeitnehmer muss
zweierlei versteuern:[78]

» 1 Prozent pro Monat vom Bruttolistenpreis des Autos
» 0,03 Prozent pro Entfernungskilometer zur Arbeit (alternativ
0,002 Prozent nach taggenauer Abrechnung).

Schauen wir einmal ein Beispiel mit einem Arbeitnehmer an, der von
seinem Arbeitgeber einen Firmenwagen mit einem Bruttolistenpreis
von 60.000 Euro bekommen hat. Die Entfernung von seiner Wohnung zum Büro, seiner ersten Tätigkeitsstätte, beträgt 15 Kilometer.

» 1 Prozent von 60.000 Euro = 600 Euro
» 0,03 Prozent × 15 Kilometer × 60.000 Euro = 270 Euro
» = 870 Euro × persönlichem Steuersatz (bleiben wir
bei 30 Prozent)
» = 261 Euro monatliche Steuerbelastung für den Arbeitnehmer.

Wenn man als Arbeitnehmer an weniger als 15 Tagen im Monat
zur ersten Tätigkeitsstätte wie dem Büro fährt, lohnt sich statt der
0,03-Prozent-Regelung die taggenaue 0,002-Prozent-Regelung,
da 15 × 0,002 Prozent 0,03 Prozent ergeben.

Bezogen auf unser Beispiel:

» 1 Prozent von 60.000 Euro = 600 Euro
» 0,002 Prozent × 15 Kilometer × 14 Tage × 60.000 Euro = 252 Euro
» = 852 Euro × persönlichem Steuersatz (30 Prozent)
» = 255,60 Euro monatliche Steuerbelastung für den Arbeitnehmer.

Man sieht also an diesem Beispiel, dass die Anwendung der 0,002-Prozent-Regelung eine kleine Steuerersparnis gebracht hat. Ist man ausschließlich im Homeoffice, muss man zumindest für die Fahrten zwischen Wohnung und erster Tätigkeitsstätte keine Steuern bezahlen.

Um keine Privatnutzung mehr versteuern zu müssen, kann der Arbeitgeber die Privatnutzung des Fahrzeugs im Arbeitsvertrag schriftlich verbieten. Dies geht aber nur, wenn man wirklich nicht privat fährt. Und das ist nur in absoluten Ausnahmefällen der Fall. Wenn man überwiegend geschäftlich fährt, lohnt sich jedoch oft ein Fahrtenbuch statt der 1-Prozent-Regelung. Hierbei werden die „tatsächlichen" Kosten (Leasingraten, Benzin, Werkstatt ...) für das Fahrzeug ermittelt und entsprechend dem Verhältnis der beruflichen und privaten Fahrten umgelegt.

Nehmen wir an, ein Firmenwagen verursacht jährlich 9.000 Euro an Kosten bei 15 Prozent privater Nutzung = 1.350 Euro pro Jahr.

Mit Fahrtenbuch muss man nur 112,50 Euro pro Monat versteuern: Bei einem persönlichen Steuersatz von 30 Prozent sind das lediglich 33,75 Euro an Steuern.

Die Anforderungen an die lückenlose und unveränderbare Dokumentation eines ordnungsgemäßen Fahrtenbuches sind seitens des

Finanzamts jedoch sehr streng, weshalb die Arbeitgeber ungern darauf eingehen. Mittlerweile gibt es jedoch Anbieter für Fahrtenbuchsoftware, die über einen OBD-Stecker, der am Firmenwagen angebracht wird, eine rechtssichere Möglichkeit bieten. Das funktioniert mit allen Autos mit Dieselmotor ab dem Baujahr 2004 und bei Autos mit Ottomotor ab 2001.

Wenn es der Arbeitgeber anbietet, kann man statt einem klassischen Verbrennerauto auch ein Elektro- oder Hybridauto fahren. Dann spart man noch mehr Steuern. Hier gibt es zwar immer noch die 1-Prozent- bzw. die 0,03-Prozent-Regelung, jedoch auf einer geminderten Bemessungsgrundlage: Nur noch 50 Prozent bei Plug-in-Hybriden (bei Hybriden ohne externe Lademöglichkeit immer noch 100 Prozent) und bei Elektroautos über 60.000 Euro Bruttolistenpreis. Und lediglich 25 Prozent bei Elektroautos bis 60.000 Euro Bruttolistenpreis.

Schauen wir mal noch einmal das bekannte Beispiel an mit einem Arbeitnehmer, der von seinem Arbeitgeber einen Firmenwagen mit einem Bruttolistenpreis von 60.000 Euro bekommen hat. Die Entfernung von seiner Wohnung zum Büro, seiner ersten Tätigkeitsstätte, beträgt 15 Kilometer. Nun fährt er aber nicht mit einem Benziner, sondern

mit einem Plug-in-Hybrid:
» Reduzierung der Bemessungsgrundlage: nur 50 Prozent auf 30.000 Euro.
» 1 Prozent von 30.000 Euro = 300 Euro
» 0,03 Prozent × 15 Kilometer × 30.000 Euro = 135 Euro
» = 435 Euro × persönlichem Steuersatz (nehmen wir wieder 30 Prozent)
» = 130,50 Euro monatliche Steuerbelastung für den Arbeitnehmer (statt der 261 Euro beim Benziner).

Elektroauto:

» Reduzierung der Bemessungsgrundlage: nur 25 Prozent auf 15.000 Euro.

» 1 Prozent von 15.000 Euro = 150 Euro

» 0,03 Prozent × 15 Kilometer × 15.000 Euro = 67,50 Euro

» = 217,50 Euro × persönlichem Steuersatz (30 Prozent)

» = 65,25 Euro monatliche Steuerbelastung für den Arbeitnehmer (statt der 261 Euro beim Benziner).

Auch beim Hybrid- und Elektroauto kann man zusätzlich durch die beschriebene 0,002-Prozent-Alternative Steuern sparen. Zumal man diese Autos auch lohnsteuerfrei bei der Ladestation des Arbeitgebers aufladen kann.

Man sieht also, insbesondere Elektroautos als Firmenwagen sind für Arbeitnehmer äußerst interessant.

| FAHRTKOSTENZUSCHÜSSE/JOBTICKET

Nicht jeder bekommt einen Firmenwagen, dennoch kann der Arbeitgeber dem Arbeitnehmer die finanziellen Belastungen für die Fahrten zur Arbeit reduzieren, indem er zusätzlich zum Gehalt Fahrtkostenzuschüsse für den PKW oder den öffentlichen Nahverkehr gibt. PKW-Fahrtkostenzuschüsse vom Arbeitgeber müssen grundsätzlich versteuert werden. Bis zur Höhe der Entfernungspauschale kann der Arbeitgeber pauschal mit 15 Prozent versteuern, wenn die Fahrtkostenzuschüsse zusätzlich zum Gehalt gezahlt werden. Dann sind die Fahrtkostenzuschüsse für den Arbeitnehmer steuerfrei. Das gilt auch bei einem Minijob.

Also kann der Arbeitgeber dem Arbeitnehmer zum Beispiel jeden Arbeitstag 30 Cent pro Kilometer für die 15-Kilometer-Fahrt von der Wohnung zur ersten Tätigkeitsstätte (wie zum Beispiel das Büro) erstatten. Die ersetzten PKW-Fahrtkosten können dann nicht noch einmal in der Steuererklärung abgesetzt werden.

Wenn der Arbeitgeber diese Pauschalversteuerung der Fahrtkostenzuschüsse übernimmt, ist das für den Arbeitnehmer dennoch ein großer Vorteil, denn wenn man als Arbeitnehmer die Fahrtkosten in der Steuererklärung absetzt, bekommt man nur anteilig (je nach persönlichem Steuersatz) etwas zurück und eben nicht den vollen Betrag:

» 100 Euro Fahrtkosten bei einem persönlichen Steuersatz von 30 Prozent in der Steuererklärung abgesetzt: 30 Euro zurück
» 100 Euro Fahrtkostenerstattung, bei der der Arbeitgeber die Pauschalversteuerung von zusätzlich 15 Prozent übernommen hat: 100 Euro zurück.

Ein Fahrtkostenzuschuss für Fahrten zwischen der Wohnung und der ersten Tätigkeitsstätte mit öffentlichen Verkehrsmitteln im Linienverkehr ist sogar steuerfrei. Heißt, auch der Arbeitgeber muss keine Pauschalversteuerung übernehmen.

Auch hier kann man als Arbeitnehmer die Fahrtkosten nicht nochmals zusätzlich in der Steuererklärung absetzen. Es gibt aber, wenn der Arbeitgeber mitspielt, für den Arbeitnehmer seit 2019 ein sehr attraktives Angebot: Alternativ können Arbeitgeber Jobtickets/Fahrten im öffentlichen Personennahverkehr mit einem Steuersatz von 25 Prozent pauschal versteuern.

Dann kann der Arbeitnehmer trotz Fahrtkostenzuschuss die Entfernungspauschale (beispielsweise 0,30 Euro/Kilometer für 15 Kilometer pro Tag) in der Steuererklärung ansetzen. Somit hat man als Arbeitnehmer das Optimum herausgeholt: ein kostenloses Ticket für Fahrten im öffentlichen Personennahverkehr und trotzdem den Steuervorteil über die Steuererklärung. Wirklich eine großartige Sache![79]

 **ESPRESSO-TIPP:**

Eine Bahncard 100 für den Fernverkehr kann ebenfalls steuerfrei sein, und zwar dann, wenn die Einzelfahrscheine für die beruflichen Fahrten teurer als die Bahncard 100 wären.

| GESUNDHEITSFÖRDERUNG

Übernimmt der Arbeitgeber Gesundheitsförderungsmaßnahmen für den Arbeitnehmer, sind diese steuerfrei, wenn sie zusätzlich zum Arbeitslohn gezahlt werden.[80] Dies gilt für Beträge bis 600 Euro pro Mitarbeiter und Jahr.

Seit dem 1.1.2019 müssen die Dienstleister für ihre Kurse eine Zertifizierung hinsichtlich Sinn und Zweck der Paragrafen 20 und 20b des fünften Sozialgesetzbuches vorweisen können.

Hierzu zählen unter anderem:

» Bewegungsprogramme
» Ernährungsangebote
» Suchtprävention
» Stressbewältigung.

Die Anbieter sollten die Zertifizierung entsprechend nachweisen können. Es besteht außerdem die Möglichkeit, zur Klärung des Sachverhalts eine Anrufungsauskunft beim zuständigen Betriebsstättenfinanzamt einzuholen, ob die Kurse steuerfrei sind.

Wichtig ist: Die 600-Euro-Grenze der Gesundheitsförderungsmaßnahmen gilt nicht für allgemeine Fitnessstudiobeiträge. Ausnahmen können jedoch einzelne zertifizierte Kurse in einem Fitnessstudio sein.

Für Fitnessstudiobeiträge kann der Arbeitgeber aber die bereits beschriebenen Sachbezüge bis zu 50 Euro pro Monat nutzen. Er kann

also seit dem 1.1.2022 600 Euro pro Jahr mit Blick auf die Fitness-
studiokosten übernehmen. Der Arbeitgeber muss dazu der Vertrags-
partner des Fitnessstudios sein oder dem Arbeitnehmer im Vorfeld
einen Gutschein über maximal 50 Euro pro Monat für den Besuch
des Fitnessstudios aushändigen. Man muss sich allerdings dessen
bewusst sein, dass für den Arbeitnehmer keine weiteren Beträge für
andere Sachbezüge, z. B. für Tankgutscheine, mehr zur Verfügung
stehen, wenn der Arbeitgeber die monatlichen Sachbezüge für das
Fitnessstudio nutzt.[81]

KINDERBETREUUNG

Kindergartenzuschüsse vom Arbeitgeber für nicht schulpflichtige
Kinder sind steuer- und sozialversicherungsfrei, sofern diese dem
Arbeitnehmer zusätzlich zum Gehalt gezahlt werden.

Der Arbeitgeber darf maximal die tatsächlichen Kindergarten-
kosten ersetzen. Dies gilt auch für Betriebskindergärten, Schul-
kindergärten, Kindertagesstätten, Kinderkrippen, Tages- oder
Wochenmütter sowie Ganztagspflegestellen.

Der Arbeitgeber muss den Originalbeleg zusammen mit den übrigen Lohnunterlagen aufbewahren, als Arbeitnehmer hat man diese
Unterlagen, z. B. die Rechnung des Kindergartens, dann für den Arbeitgeber bereitzustellen.[82]

KURZFRISTIGE BETREUUNG

Bei zusätzlichem und kurzfristig zu organisierendem beruflich
bedingten Betreuungsbedarf für Kinder unter 14 Jahren kann der
Arbeitgeber dem Arbeitnehmer pro Kalenderjahr bis zu 600 Euro
zusätzlich steuer- und sozialversicherungsfrei erstatten.

Das gilt gleichfalls für ältere Kinder, die wegen einer vor Vollendung des 25. Lebensjahres eingetretenen körperlichen, geistigen oder seelischen Behinderung außerstande sind, sich selbst zu unterhalten. Und auch für den Betreuungsbedarf von pflegebedürftigen Angehörigen können die Kosten bis zu 600 Euro steuerfrei gezahlt werden.

| NOTSITUATIONEN

Wird man als Arbeitnehmer durch eine Notsituation finanziell belastet, kann der Arbeitgeber ihm mit einer steuerfreien Beihilfe unter die Arme greifen.

Als solche Notsituationen gelten etwa Vermögensverluste durch höhere Gewalt (Hochwasser, Brand etc.) oder die Krankheit bzw. der Tod eines Familienangehörigen. Die Steuerbefreiung gilt für Bar- und Sachzuwendungen gleichermaßen. Derartige Leistungen zur Unterstützung des Arbeitnehmers sind pro Kalenderjahr bis zu 600 Euro im Jahr steuerfrei.

Höhere Beträge als die genannten 600 Euro bleiben ebenfalls steuerfrei, wenn ein besonderer Notfall dies rechtfertigt und sich der Arbeitnehmer in wirtschaftlicher Bedrängnis befindet.

Es ist dabei gar nicht so einfach zu beantworten, ob ein solcher besonderer Notfall für das Finanzamt vorliegt. Daher empfiehlt es sich als Arbeitgeber, eine Anrufungsauskunft beim zuständigen Finanzamt einzuholen. Dann hat man Rechtssicherheit bezüglich der Steuerfreiheit.[83]

| PERSONALRABATTE

Wenn man die Waren oder Dienstleistungen des eigenen Arbeitgebers kostenlos oder vergünstigt bekommt, hat man einen Rabattfreibetrag von 1.080 Euro pro Jahr. Bis zu diesem Betrag sind Rabatte steuerfrei. Zugunsten des Arbeitnehmers werden zudem noch 4 Prozent vom offiziellen Preis abgezogen.[84]

Beispiel:
Eine Arbeitnehmerin ist in einem Modegeschäft für Luxusmode beschäftigt. Sie bekommt auf einen 2.500-Euro-Mantel 50 Prozent Rabatt. Der Kaufpreis des Mantels beläuft sich somit für die Mitarbeiterin auf 1.250 Euro.

» 2.500 Euro − 4 Prozent = 2.400 Euro.
» Rabatt somit noch 2.400 Euro − 1.250 Euro = 1.150 Euro.

Die verbleibenden 70 Euro (1.150 Euro Rabatt − 1.080 Euro Freibetrag) müssen als geldwerter Vorteil versteuert werden. Bei einem persönlichen Steuersatz von 30 Prozent sind das 21 Euro zusätzliche Steuerbelastung. Damit hat man im Beispiel immer noch über 1.000 Euro gespart im Vergleich zum Normalpreis.

Man muss diesen Betrag indes im Hinterkopf behalten, vor allem, wenn man noch für Freunde und Verwandte einkauft, denn dann kann der Rabattfreibetrag von 1.080 Euro pro Jahr schnell aufgebraucht sein.

| PC, NOTEBOOK, SMARTPHONE & TABLET

Betriebliche Kommunikationsgeräte wie PCs, Notebooks, Smartphones, Tablets etc. können vom Arbeitgeber steuerfrei zur privaten Nutzung überlassen werden. Überlassen bedeutet: Das Gerät gehört immer noch dem Arbeitgeber. In der Praxis wird oft eine schriftliche Vereinbarung getroffen, dass das Gerät wieder zurückgegeben werden muss, wenn das Arbeitsverhältnis beendet ist. Es gibt aber keine Verpflichtung, das Gerät auch betrieblich zu nutzen, selbst eine ausschließliche Privatnutzung des Arbeitnehmers bleibt steuerfrei.[85]

Wenn der Arbeitgeber dem Arbeitnehmer zum Beispiel das Smartphone schenkt, ist es auch möglich, dies für den Arbeitnehmer steuerfrei zu gestalten. Dazu muss aber das Smartphone zusätzlich zum ohnehin geschuldeten Arbeitslohn geschenkt werden. Dann besteht nämlich die Möglichkeit für den Arbeitgeber, das Gerät zusätzlich mit 25 Prozent pauschal zu versteuern, was dann wiederum zu einer Steuer- und Sozialversicherungsfreiheit beim Arbeitnehmer führt. Dann gehört dem Arbeitnehmer das Gerät und nicht mehr dem Arbeitgeber.[86]

Es kann aber auch Sinn machen, das Smartphone, Tablet oder ähnliche Geräte nur zu überlassen und nicht zu übereignen, da es sich sonst um einen steuerpflichtigen Sachbezug handelt, sofern der betriebliche Mobilfunkvertrag mit diesem – dann privaten – Smartphone genutzt wird.

| TELEFON- & INTERNETKOSTEN

Wenn man das eigene Smartphone nutzt, kann der Arbeitgeber dem Arbeitnehmer bis zu 20 Prozent des Rechnungsbetrags der privaten Telefonrechnung, höchstens jedoch 20 Euro monatlich, steuerfrei erstatten. Als Bemessungsgrundlage für den pauschalen Auslagenersatz kann der monatliche Durchschnittsbetrag aus den Rechnungen der letzten drei Monate zugrunde gelegt werden. Nehmen wir mal an, die Mobilfunkrechnung des Arbeitnehmers lag bei durchschnittlich 50 Euro, dann kann der Arbeitgeber 10 Euro steuerfrei erstatten. Man sieht, ein betriebliches Smartphone, bei dem die Kosten übernommen werden, ist hier besser.

Nutzt man im Betrieb den betrieblichen Internetanschluss, kann man auch steuerfrei privat surfen, zumindest, wenn es der Arbeitgeber erlaubt. Zum Beispiel Steuerfabi-Videos anschauen. Wenn der Arbeitgeber die Internetkosten zu Hause zusätzlich zum ohnehin geschuldeten Arbeitslohn ersetzt, dann ist es für den Arbeitnehmer auch steuerfrei. Als Zuschuss können bis zu 50 Euro gezahlt werden. Möchte der Arbeitgeber mehr als 50 Euro erstatten, muss man als Arbeitnehmer über einen repräsentativen Zeitraum von drei Monaten die entstandenen Aufwendungen im Einzelnen nachweisen, meist jedoch liegen die Internetkosten sowieso nicht über 50 Euro im Monat.[87]

TRINKGELDER

Viele denken, Trinkgelder seien generell steuerfrei. Trinkgelder an Unternehmer, zum Beispiel an den Besitzer einer Gaststätte, erhöhen jedoch die Betriebseinnahmen, sind steuerpflichtig und somit auch als Entgelt in die Bemessungsgrundlage der Umsatzsteuer mit einzubeziehen.

Freiwillige Trinkgelder an die Arbeitnehmer (also beispielsweise an den Kellner) hingegen sind steuerfrei, wenn sie zusätzlich zur Entlohnung für die Arbeitsleistung an die Arbeitnehmer gezahlt werden.

Vorsicht, Trinkgeldzahlungen des Arbeitgebers an seine Arbeitnehmer sind auch für den Arbeitnehmer steuerpflichtig.

Wird das Trinkgeld von allen Arbeitnehmern gemeinsam gesammelt und die Gesamtsumme dann nach Feierabend gleichmäßig aufgeteilt, ist das nicht mehr steuerfrei. In diesem Fall wird das ausgezahlte Trinkgeld auf der jeweiligen Lohnabrechnung des Arbeitnehmers aufgeführt und unterliegt der Lohnsteuer.

Es ist also besser, der Gast zahlt das Trinkgeld (bar) direkt an den angestellten Arbeitnehmer.[88]

| UMZUG

Wenn man beruflich bedingt umzieht, kann der Arbeitgeber dem Arbeitnehmer die tatsächlich nachgewiesenen Umzugskosten steuerfrei erstatten.

Zusätzlich gibt es seit April 2022 für sonstige Umzugsauslagen eine Pauschale in Höhe von 886 Euro, für jede weitere Person wie

» den Ehegatten,
» den Lebenspartner,
» die ledigen Kinder und
» die Stief- oder Pflegekinder

gibt es eine Pauschale von 573 Euro pro Person, die steuerfrei erstattet werden kann.[89]

| VERGÜNSTIGTE VERMIETUNG

Eine für den Arbeitnehmer sehr attraktive Situation ist es, wenn der Arbeitgeber vergünstigt eine Wohnung an ihn vermietet. Diese Möglichkeit besteht seit dem 01.01.2020. Seit dem 01.01.2021 spart man sich dabei auch noch die Sozialversicherungsbeiträge.

Der Arbeitgeber muss nicht der Eigentümer der Wohnung sein. Es reicht, wenn er die Wohnung selbst angemietet hat und untervermietet, diese muss nicht zwingend im Anlagevermögen des Arbeitgebers sein.

Der Arbeitnehmer muss für die selbst genutzte Wohnung mindestens zwei Drittel des ortsüblichen Mietwerts (inklusive umlagefähigen Betriebskosten) selbst bezahlen, damit der Vorteil steuerfrei bleibt. Also beispielsweise 667 Euro bei 1.000 Euro Gesamtkosten.

Die Steuerfreiheit ist für Wohnungen bis max. 25 Euro je Quadratmeter (ohne umlagefähige Kosten) möglich. Dadurch will der Gesetzgeber verhindern, dass Luxuswohnungen begünstigt werden. Für die meisten Arbeitnehmer aber eine herausragende Möglichkeit, mehr in der Tasche zu haben.[90]

| VERPFLEGUNGSMEHRAUFWENDUNGEN

Wenn man mehr als acht Stunden von zu Hause oder der ersten Tätigkeitsstätte weg ist (oder an einem Anreise- oder Abreisetag), kann man pro Tag 14 Euro, bei vollen Zwischentagen sogar 28 Euro vom Arbeitgeber als steuerfreie Verpflegungsmehraufwendungen erhalten.

Wenn man sich beispielsweise auf einer Fortbildung in einem Hotel aufhält, muss man diesen Betrag um 20 Prozent bzw. um zusätzlich 40 Prozent kürzen, wenn man ein Frühstück (-5,60 Euro/Tag) oder ein Mittagessen (-11,20 Euro/Tag) bekommt.[91]

Ein Beispiel:
Wenn man als Arbeitnehmer von Montagmittag bis Mittwochmittag auf einer Fortbildung in einer anderen Stadt weilt und Dienstag und Mittwoch ein Frühstück bekommt, kann man vom Arbeitgeber folgenden Betrag steuerfrei bekommen:

» Anreisetag: 14 Euro (ohne Abzüge, da kein Essen)
» Zwischentag: 28 Euro – 5,60 Euro = 22,40 Euro
» Abreisetag: 14 Euro – 5,60 Euro = 8,40 Euro

Das heißt: 44,80 Euro kann der Arbeitgeber zusätzlich als Verpflegungsmehraufwendungen dem Arbeitnehmer steuerfrei auszahlen.

Und: Die Fahrtkosten kann der Arbeitgeber dem Arbeitnehmer zudem nochmals mit 30 Cent pro gefahrenem Kilometer erstatten.

SONNTAGS-, FEIERTAGS- UND NACHTZUSCHLÄGE

Arbeitnehmer haben keinen gesetzlichen Anspruch auf einen Sonn- oder Feiertagszuschlag. Das hat das Bundesarbeitsgericht im Jahr 2006 entschieden.

Bei Nachtarbeit hat der Arbeitgeber dem Arbeitnehmer aber für die während der Nachtzeit geleisteten Arbeitsstunden eine angemessene Anzahl bezahlter freier Tage oder einen angemessenen Zuschlag zu gewähren.

Die Sozialversicherungsfreiheit von Sonn-, Feiertags- und Nachtzuschlägen ist auf einen Grundlohn von 25 Euro je Stunde begrenzt, steuerlich liegt diese Grenze bei 50 Euro.

Der zusätzliche steuerfreie Zuschlag berechnet sich auf den Grundlohn:

» Nachtarbeit: 25 Prozent
» Sonntagsarbeit: 50 Prozent
» Am 31. Dezember ab 14 Uhr und an den gesetzlichen Feiertagen: 125 Prozent
» Am 24. Dezember ab 14 Uhr, am 25. und 26. Dezember sowie am 1. Mai: 150 Prozent.

Wird die Arbeit nachts vor 0.00 Uhr aufgenommen, erhöht sich der steuerfreie Zuschlagssatz auf 40 Prozent für die Zeit von 0.00 bis 4.00 Uhr.

An Sonn- und Feiertagen, an denen die Tätigkeit vor Mitternacht beginnt, gilt der Zuschlag bis 4.00 Uhr am folgenden Tag.

Nachtarbeitszuschläge sind zusätzlich zu Sonn- und Feiertagszuschlägen möglich. Es lohnt sich also, steuerlich so viel wie möglich in der Nacht, sonn- und feiertags zu arbeiten. Andererseits sollte man nicht nur auf die Steuern schauen. Es gibt Studien, die belegen, dass vor allem Schichtarbeit zu einer Verkürzung des Lebens führt.[92]

| EXKURS: WIE MAN DEN ARBEITGEBER ÜBERZEUGT

Da die dargestellten Gehaltsextras (fast) alle zusätzlich zum Gehalt gezahlt werden müssen, damit sie steuerfrei sind, stellt sich die Frage, wie man seinen Chef davon überzeugt.

Zunächst muss man wissen, dass regelmäßige Gehaltserhöhungen ganz normal sind, um zumindest einmal die Inflation auszugleichen. Wenn die Inflation bei 2 Prozent pro Jahr liegt, braucht man jedes Jahr mindestens 2 Prozent mehr Gehalt, um sein Niveau zu halten. Bekommt man weniger als 2 Prozent mehr Gehalt, kann man sich weniger leisten als noch im Jahr davor.

Die Inflation liegt dieses Jahr unter anderem aufgrund der stark steigenden Energiepreise aber weit höher als 2 Prozent, deshalb braucht man auch signifikantere Gehaltserhöhungen, um den Lebensstandard halten zu können. Will man diesen sogar erhöhen, braucht man entsprechend noch höhere Gehaltserhöhungen.

Mit der Inflation zu argumentieren ist aber meiner Meinung nach taktisch nicht so klug, denn den Arbeitgeber betrifft die Inflation auch. Er muss gleichfalls mehr für den Einkauf von Waren und Dienstleistungen zahlen.

Aus meiner Sicht sollte man besser damit argumentieren, dass diese steuerfreien Gehaltsextras auch sozialversicherungsfrei sind. Muss der Arbeitgeber beispielsweise, wenn er dem Arbeitnehmer 50 Euro monatlich mehr zahlt, noch zusätzlich die Arbeitgeberbeiträge zur Sozialversicherung begleichen, hat er das z. B. bei einem steuerfreien Sachbezug von 50 Euro nicht zu tun. Hier liegen die Kosten nur bei 50 Euro.

Außerdem würde es den Arbeitgeber viel mehr kosten, wenn der bisherige Mitarbeiter kündigt, weil er die Gehaltserhöhung ablehnt, und er deshalb einen neuen Arbeitnehmer einstellen müsste. Dieser müsste wieder neu eingelernt werden, und das kostet meist deutlich mehr als eine Gehaltserhöhung.

Man kann also dem Arbeitgeber auch rational darlegen, warum man mehr verdienen muss.

Darüber hinaus gibt es viele psychologische Kniffe, wie man seine Ziele durchsetzt. Da dies aber nicht mein Fachgebiet ist, verweise ich auf einschlägige Ratgeber zur Verhandlungstechnik.

WAS MUSS ICH AUSSER- DEM WISSEN?

Es gibt im Leben Situationen, in denen es (erstmals) um viel Geld geht. Wenn man sich beispielsweise die erste Immobilie kauft oder zum ersten Mal etwas Größeres geschenkt bekommt.

Wird mit hohen Summen agiert, möchte das Finanzamt oft einen Teil abhaben. Häufig fehlt jedoch das steuerliche Wissen, um schon strategisch so zu planen, dass man keine oder zumindest weniger Steuern zahlt. Wo viel Geld im Spiel ist, kann man viel Steuern sparen (oder eben auch nicht). Deshalb sollen die kommenden Kapitel in steuerlicher Hinsicht die Augen öffnen, wenn es ums erste Mal geht.

| DIE ERSTE IMMOBILIE KAUFEN

Wenn man eine Immobilie kauft, ist oft die Grunderwerbsteuer bei den Nebenkosten des Haus- oder Wohnungskaufs die größte Position. Je nach Bundesland muss der Käufer zwischen 3,5 Prozent und 6,5 Prozent des Kaufpreises zahlen.

Man sollte hier zuerst einmal wissen, dass man als Käufer auf den Betrag, der auf die Einbauküche oder Möbel entfällt, keine

Grunderwerbsteuer zahlen muss. Man sollte deshalb diese Gegenstände gesondert mit einem realistischen Preis im Kaufvertrag festhalten, sodass insgesamt weniger Grunderwerbsteuer anfällt.

Plant man einen Neubau, kann es sinnvoll sein, sich erst den Grund- und Boden und danach getrennt das Haus zu kaufen. Der Hintergrund ist, dass es so gelingen kann, die Grunderwerbsteuer nur auf den Wert des unbebauten Grundstücks zu zahlen. Kauft man beispielsweise das noch unbebaute Grundstück zusammen mit dem (Fertig-)Haus, dann muss man auf den gesamten Kaufpreis Grunderwerbsteuer bezahlen.

Man sollte für den Grundstückskauf und den Hausbau zwei getrennte Verträge abschließen, wobei Makler und Bauunternehmer nicht zu einer Unternehmensgruppe gehören dürfen. Hierbei gibt es je nach baulicher Situation viele Einzelfälle zu berücksichtigen, wann ein einheitliches Vertragswerk vorliegt und wann eben nicht. Details kann man in der Veröffentlichung der obersten Finanzbehörden der Länder vom 14.03.2017 nachlesen, hier mal „Gleichlautende Erlasse der obersten Finanzbehörden der Länder zum Gegenstand des Erwerbsvorgangs (Einheitliches Vertragswerk/ Einheitlicher Erwerbsgegenstand)" googeln.

Die Frage, was man absetzen kann, wenn man ein Haus oder eine Wohnung für die Eigennutzung kauft, ist relativ schnell beantwortet: im Prinzip nichts. Erst wenn man Einkünfte durch diese Immobilie hat, sprich, wenn man sie vermietet, kann man wirklich etwas von der Steuer absetzen.

| DIE ERSTE IMMOBILIE VERMIETEN

Kaufpreisaufteilung

Auch wenn man die Immobilie vermieten will, muss man bereits vor dem Kauf darauf achten, dass man die Kaufpreisaufteilung sinnvoll gestaltet. Vermietet man eine Wohnung oder ein Haus, kann man das Gebäude über die Abschreibung von der Steuer absetzen.

Das gilt aber nur für den Anteil des Kaufpreises, der nicht auf den Grund und Boden entfällt. Man muss also den Kaufpreis des Grundstücks in Gebäude sowie Grund und Boden aufteilen (zum Beispiel insgesamt 250.000 Euro Kaufpreis: Gebäude 200.000 Euro, Grund & Boden 50.000 Euro).

Steuerlich wäre es am besten, den Kaufpreis komplett dem Gebäude zuzuordnen, der Grund und Boden unter dem Gebäude ist dann theoretisch wertlos. Das wäre aber nicht legal.

Grundsätzlich ist zwar vom Finanzamt die in den notariellen Verträgen getroffene Aufteilung zwischen Käufer und Verkäufer anzuerkennen, jedoch nicht, wenn Anhaltspunkte dafür bestehen, dass die Aufteilung nur zum Schein getroffen wurde. Und ein Grundstück, auch wenn es unbebaut ist, hat nun eben mal einen Wert.

Man sollte also einen realistischen (wenn auch möglichst großen) Anteil in den Verträgen festhalten, der auf das Gebäude entfällt. Es geht jedoch nicht, den Bodenwert einfach anhand der amtlich festgestellten Bodenrichtwerte zu ermitteln und diesen Betrag vom Gesamtkaufpreis abzuziehen. Das verstößt gegen den Grundsatz der Einzelbewertung.

Zur Unterstützung bei der Berechnung gibt es vom Bundesfinanzministerium eine „Arbeitshilfe zur Aufteilung eines Gesamtkaufpreises für ein bebautes Grundstück (Kaufpreisaufteilung)“. Der Bundesfinanzhof stellte dazu mehrfach fest, dass die Arbeitshilfe allerdings nicht bindend ist. Man kann also auch selbst argumentieren, warum man welchen Anteil dem Grund und Boden oder dem Gebäude zuordnet. Es empfiehlt sich allerdings, zumindest in die Nähe der amtlich vorgeschlagenen Kaufpreisaufteilung zu kommen, um Streitigkeiten mit dem Finanzamt und vor Gericht zu vermeiden.

Anschaffungs-/Herstellungskosten

Selbst wenn man eine Kaufpreisaufteilung getroffen hat, stellt sich jedoch die Frage, was überhaupt alles zu den Anschaffungs- bzw. Herstellungskosten gehört, die man steuerlich über die Abschreibung absetzen kann.

Nehmen wir an, man kauft eine Immobilie für 600.000 Euro. Dann zählt nicht nur der reine Kaufpreis zu den Anschaffungskosten der Immobilie, sondern auch:

» die Grunderwerbsteuer
» die Notargebühren für Auflassung und Kaufvertrag
» die Maklergebühren
» das Architektenhonorar (für Begutachtung)
» die Besichtigungskosten (Fahrtkosten etc.)
» der Grundbucheintrag (ohne Eintragung einer Grundschuld)
» das Wertermittlungsgutachten
» die Anliegerbeiträge
» die Erschließungsgebühren
» die Kanalanschlussgebühren
» die Hausanschlusskosten.

Nicht zu den Anschaffungskosten gehören die Notargebühren für die Grundschuldbestellung sowie die Eintragung einer Grundschuld in das Grundbuch. Und auch nicht die Finanzierungskosten. Außerdem können Fahrtkosten zu Besichtigungsterminen für andere Grundstücke, die man letztlich nicht erworben hat, als laufende Kosten angesetzt werden.[93]

Abschreibung

Wenn man jeden Monat 1.000 Euro Miete einnimmt, muss man nicht 12.000 Euro im Jahr versteuern. Der Grund: Es müssen nicht die Einnahmen, sondern die Einkünfte (nach Abzug der Ausgaben) versteuert werden.

Die größte Ausgabe bei Immobilien ist die Abschreibung, sozusagen die Abnutzung der Immobilie. Wenn man sich eine Immobilie kauft bzw. baut und vermietet, kann man Anschaffungs- bzw. Herstellungskosten des Gebäudes über einen bestimmten Nutzungszeitraum verteilt abschreiben, das mindert die Steuerbelastung. (Den Grund und Boden darf man, wie bereits dargestellt, nicht abschreiben.)

Nehmen wir mal an, man kauft eine Immobilie für besagte 600.000 Euro und davon entfallen 200.000 Euro auf Grund und Boden und 400.000 Euro auf die Anschaffungskosten des Gebäudes, dann darf man diese 400.000 Euro abschreiben.

Es gibt nun je nach Fertigstellung/Bauantrag der Immobilie verschiedene Abschreibungssätze. Wenn man privat eine Immobilie vermietet, sind es in der Regel 2 Prozent pro Jahr. Zumindest dann, wenn das Gebäude nach dem 31.12.1924 fertiggestellt worden ist. Das bedeutet, dass man das Gebäude über 50 Jahre abschreiben darf, also in unserem Beispiel jedes Jahr 8.000 Euro (2 Prozent von 400.000 Euro).

Man kann als Steuerpflichtiger aber auch eine kürzere Nutzungsdauer des Gebäudes nachweisen und somit schneller abschreiben. Bisher haben die Finanzämter hierzu oft (teure) Bausubstanzgutachten gefordert. Der Bundesfinanzhof hat jedoch in seinem Urteil vom 28.07.2021 klargestellt, dass sich der Steuerpflichtige zur „Darlegung der verkürzten tatsächlichen Nutzungsdauer eines zur Einkünfteerzielung genutzten Gebäudes jeder Darlegungsmethode bedienen kann, die im Einzelfall zur Führung des erforderlichen Nachweises geeignet erscheint".[94]

Übrigens: Dass man die gemeinsame Wohnung an seine Freundin oder seinen Freund vermietet, um Steuern zu sparen, das funktioniert nicht.

Standardhebung

Da man, wie dargestellt, die Anschaffungskosten des Gebäudes abschreiben muss, kann man auf die Idee kommen, ob es nicht sinnvoll wäre, eine günstige Immobilie zu kaufen und diese dann zu renovieren, sodass diese Kosten sofort als Renovierungskosten im aktuellen Jahr absetzbar sind. Somit würde man bei der Vermietung gleich Steuern sparen und nicht über 50 Jahre.

Aufwendungen für Instandsetzungs- und Modernisierungsmaßnahmen, die man innerhalb von drei Jahren nach Anschaffung des Gebäudes tätigt und die 15 Prozent der Anschaffungskosten (ohne die Umsatzsteuer) des Gebäudes übersteigen, können jedoch nicht sofort von der Steuer abgesetzt werden.

Und auch nach diesen drei Jahren kann es noch zu Herstellungskosten kommen, die nicht sofort absetzbar sind, etwa bei einer Erweiterung (beispielsweise durch einen neuen Wintergarten) oder wenn bei drei der vier zentralen Ausstattungsmerkmale (Heizung, Sanitär, Elektroinstallation, Fenster) innerhalb eines Fünfjahreszeitraums eine Verbesserung herbeigeführt wird. Dann darf man diese Kosten nicht sofort von der Steuer absetzen, sondern muss auch sie über die Nutzungsdauer abschreiben.

Wann eine wesentliche Verbesserung herbeigeführt wird, kann man im BMF-Schreiben „Abgrenzung von Anschaffungskosten, Herstellungskosten und Erhaltungsaufwendungen bei der Instandsetzung und Modernisierung von Gebäuden" nachlesen.[95]

Kurzer Einblick in die Anlage V

Die Anlage V findet man bei Elster als Anlage in der Einkommensteuererklärung. Man kann sie also nicht eigenständig öffnen, wie das zum Beispiel bei anderen Anlagen möglich ist.

Ist eine Immobilie gekauft bzw. fertiggestellt und wird sie dann vermietet, muss man nach dem ersten Kalenderjahr der Vermietung eine Steuererklärung abgeben. In der Anlage V der Steuererklärung gibt man seine Mieteinnahmen (Warmmiete) und auch die Kosten der Immobilie an, am Ende werden über die Anlage V die Einkünfte aus Vermietung und Verpachtung ermittelt. Wie hoch diese dann besteuert werden, hängt vom zu versteuernden Einkommen ab.

Nehmen wir an, man hat jährlich 5.000 Euro Einkünfte aus Vermietung und Verpachtung und sonst keine weiteren Einkünfte, dann zahlt man 0 Prozent Steuern. Hat man mit den 5.000 Euro Einkünften aus Vermietung und Verpachtung insgesamt ein zu versteuerndes Einkommen von 65.000 Euro, zahlt man auf die 5.000 Euro 42 Prozent Steuern.

Die Einnahmen, die man angeben muss, sind im Regelfall die jährliche Warmmiete, die man im entsprechenden Jahr eingenommen hat.

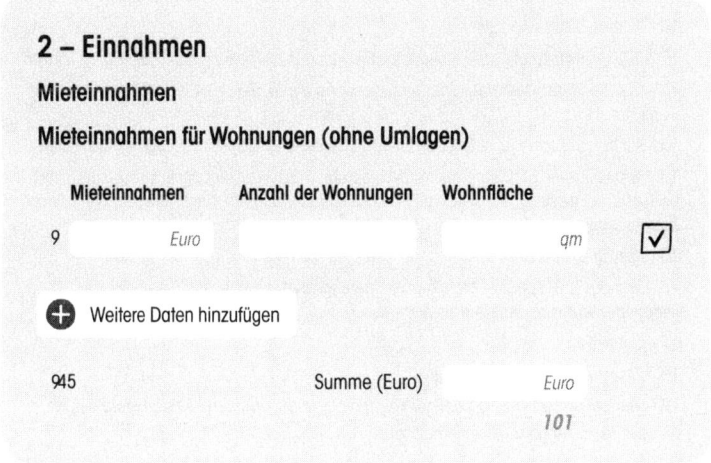

Die Einnahmen sind also relativ schnell eingetragen; sodann geht man in der Anlage V einmal durch die Werbungskosten und trägt diese ein.

Werbungskosten sind die Kosten, die man aufbringen muss, um die Immobilie vermieten zu können. Unter anderem ist auch der Kaufpreis des Gebäudes über die Absetzung für Abnutzung für das Gebäude, umgangssprachlich auch Abschreibung genannt, absetzbar.[96] Weitere Werbungskosten sind in der Anlage V relativ übersichtlich dargestellt:

Einkünfte aus dem bebauten Grundstück

1 – Allgemeine Angaben zum Grundstück

2 – Einnahmen

3 – Ermittlung und Zuordnung der Einkünfte

Werbungskosten aus dem bebauten Grundstück in den Zeilen 4 und 5

4 –Absetzung für Abnutzung für Gebäude (ohne Beträge in den Zeilen 34 und 35)

5 – Sonderabschreibung für Mietwohnungsneubau nach § 7b EStG

6 – Erhöhte Absetzungen nach den §§ 7h, 7i EStG, Schutzbaugesetz

7 – Absetzung für Abnutzung für bewegliche Wirtschaftsgüter

8 – Schuldzinsen (ohne Tilgungsbeträge)

9 – Geldbeschaffungskosten (zum Beispiel Schätz-, Notar-, Grundbuchgebühren)

10 – Renten, dauernde Lasten

11 – 2021 voll abzuziehende Erhaltungsaufwendungen, die direkt zugeordnet werden können

12 – 2021 voll abzuziehende Erhaltungsaufwendungen, die verhältnismäßig zugeordnet werden

13 – Auf bis zu 5 Jahre zu verteilende Erhaltungsaufwendungen (§§ 11a, EStG, § 82b EStDV)

14 – Grundwasser, Straßenreinigung, Müllabfuhr, Wasserversorgung, Entwässerung, Hausbeleuchtung, Heizung, Warmwasser, Schornsteinreinigung, Hausversicherungen, Hauswart, Treppenreinigung, Fahrstuhl

15 – Verwaltungskosten

16 – Nur bei umsatzsteuerpflichtiger Vermietung: an das Finanzamt gezahlte und gegebenenfalls verrechnete Umsatzsteuer

17 – Sonstiges

18 – Summe der Werbungskosten

19 – Nur bei umsatzsteuerpflichtiger Vermietung: in den Werbungskosten laut Zeile 51 enthaltene abziehbare Vorsteuerbeträge

Zusätzliche Angaben

20 – 2021 vereinnahmte oder bewilligte Zuschüsse aus öffentlichen Mitteln zu den Anschaffungs- / Herstellungskosten

Ist man einmal durch Punkt 4 bis Punkt 19 durch und hat die Beträge an den entsprechenden Stellen eingetragen, werden die Einkünfte aus Vermietung und Verpachtung ermittelt.[97] Auch hier gibt es jeweils Ausfüllhilfen bei den entsprechenden Punkten.

 **ESPRESSO-TIPP:**

Auch in den Jahren vor dem Kauf der ersten Immobilie lohnt es sich, die Anlage V auszufüllen. Nämlich wenn man vorab entstandene Werbungskosten, wie Fahrtkosten zu Besichtigungsterminen, Fachliteratur usw., hatte.

DIE ERSTE IMMOBILIE VERKAUFEN

Das Schlechte an der Eigennutzung einer Immobilie ist, dass man so gut wie nichts von der Steuer absetzen kann. Das Gute jedoch: Man kann sie jederzeit steuerfrei verkaufen. Nein, nicht erst nach drei Jahren. Die Regelung sieht in Paragraf 23 des Einkommensteuergesetzes zwei Möglichkeiten vor, die Immobilie steuerfrei zu verkaufen:

» 1. Möglichkeit:
Wenn man ein Haus gebaut und ausschließlich zu eigenen Wohnzwecken genutzt hat (beispielsweise ein Jahr), kann man die Immobilie jederzeit steuerfrei verkaufen.

Man sollte das aber nicht auf die Spitze treiben, also für eine Woche selbst einziehen und dann verkaufen. Ist nämlich offensichtlich, dass dies nur gemacht wurde, um steuerfrei verkaufen zu können, geht das nicht. Über allen Vorschriften steht der Paragraf 42 der Abgabenordnung, der den Missbrauch von rechtlichen Gestaltungsmöglichkeiten regelt. Wenn also etwas nur unternommen wird, um Steuern zu sparen, greift das Verfahren nicht, und man muss Steuern bezahlen. Dies gilt allerdings nicht, wenn der Steuerpflichtige für die gewählte Gestaltung außersteuerliche Gründe nachweist, die nach dem Gesamtbild der Verhältnisse beachtlich sind. Wenn man beispielsweise spontan umziehen muss.

» 2. Möglichkeit:
Wenn das Haus oder die Wohnung bereits vermietet war, kann man, wenn man in drei Kalenderjahren mindestens einen vollen Tag darin gewohnt hat und im Zwischenjahr das gesamte Jahr, die Immobilie steuerfrei verkaufen.

Beispiel: Man vermietete in der Vergangenheit eine Wohnung in München. Da man dann selbst beruflich in die Isarmetropole ziehen musste, kündigte man den Mietern aufgrund von Eigenbedarf und zog zum 1. Dezember 2020 in die Wohnung. Das Jahr 2021 lebte man das gesamte Jahr über darin und verkaufte dann mit notariellem Kaufvertrag zum 1. Februar 2022 die Wohnung, die man bis dahin bewohnte. Dann ist der Verkauf steuerfrei. Dass das geht, hat der Bundesfinanzhof 2019 klargestellt (Urteil vom 3.9.2019, IX R 10/19).

Die Eintragung im Grundbuch ist dabei nicht relevant und führt somit auch nicht dazu, dass sich der Zeitraum, den man in der Immobilie leben muss, in die Länge zieht.

Wenn man eine vermietete Wohnung verkauft, muss der Abstand zwischen Kauf und Verkauf mehr als zehn Jahre betragen, damit keine Steuer anfällt. Das ist im Übrigen die dritte Möglichkeit, die das Gesetz für die Steuerfreiheit vorsieht.

Anders als für die Berechnung dieser Zehn-Jahres-Frist, für deren Beginn und Ende der Abschluss des jeweiligen obligatorischen Vertrages relevant ist, stellen die beiden zuvor genannten Alternativen mit Blick auf die Bestimmung des Zeitpunkts der Anschaffung und der Veräußerung auf den Übergang des wirtschaftlichen Eigentums ab.

Die Höhe des Verkaufsgewinns (Verkaufspreis minus Ankaufspreis) spielt dann keine Rolle. Man kann auch eine vermietete Immobilie mit einer Million Euro Gewinn oder mehr nach zehn Jahren steuerfrei verkaufen.[98]

Vorsicht: Verkauft man mehr als drei Objekte (dazu können auch drei getrennte Eigentumswohnungen in einem Haus zählen) innerhalb von fünf Jahren, gilt man grundsätzlich als gewerblicher Grundstückshändler. Dann war es das mit den steuerfreien Möglichkeiten der privaten Veräußerungsgeschäfte.

| ERSTE SCHENKUNG

Bekommt man in diesem Zusammenhang etwas geschenkt, muss man das innerhalb von drei Monaten dem zuständigen Finanzamt schriftlich mitteilen. Nicht notwendig ist das allerdings, wenn die Schenkung gerichtlich oder notariell beurkundet ist (zum Beispiel bei einer Wohnung). Dann wird der Sachverhalt vom Notar an das Finanzamt gemeldet.

Beide, sowohl der Beschenkte als auch der, der geschenkt hat, müssen das Finanzamt informieren.[99]

Das Schreiben ist formlos möglich, sollte aber gewisse Informationen beinhalten:

» Vorname und Familienname, steuerliche Identifikationsnummer, Beruf, Adresse des Schenkers und des Erwerbers
» Zeitpunkt der Ausführung der Schenkung
» Was geschenkt wurde und dessen Wert
» Rechtsgrund des Erwerbs
» das persönliche Verhältnis von Erwerber und Schenker (wie Verwandtschaftsgrad)

» frühere Zuwendungen des Schenkers an den Erwerber nach Art, Wert und Zeitpunkt der einzelnen Zuwendung.

Auch Schenkungen unterhalb der Freibeträge müssen gemeldet werden. Ausnahmen gelten aber für übliche Gelegenheitsgeschenke zu Anlässen wie Hochzeit, Geburtstag oder Weihnachten.

 **ESPRESSO-TIPP:**

Wenn man etwas über die üblichen Gelegenheitsgeschenke hinaus verschenkt, schulden Schenker und Beschenkter die Schenkungsteuer. In der Praxis zahlt diese oftmals der Beschenkte, da sonst nochmals eine Schenkung ausgelöst wird.

Liegt die Schenkung über den Freibeträgen, fordert das Finanzamt einen dann auf, eine Schenkungsteuererklärung zu machen. Nicht bei jeder Schenkung fallen indes Steuern an. Es gibt Freibeträge, die nach Ablauf von zehn Jahren wieder erneut genutzt werden können. Das heißt: Alle zehn Jahre kann man derselben Person wieder etwas steuerfrei zukommen lassen.

Es gibt folgende Freibeträge:

» bis 500.000 Euro an den Ehepartner beziehungsweise eingetragenen Lebenspartner
» bis 400.000 Euro an Kinder und Stiefkinder sowie an Enkel, wenn das Kind bereits verstorben ist
» bis 200.000 Euro an Enkel und Urenkel
» bis 20.000 Euro an Eltern und Großeltern, Geschwister, Nichten, Neffen, Stief- oder Schwiegereltern, Schwiegersöhne und -töchter oder Freunde.[100]

Außerdem hängt die Steuerbelastung von der Schenkungsteuerklasse ab:

» Steuerklasse I:
  an Ehegatten/eingetragene Lebenspartner,
  an die Kinder und Stiefkinder, Enkel
» Steuerklasse II:
  an Eltern und Großeltern, Geschwister, Kinder der Geschwister,
  Stiefeltern, Schwiegerkinder, Schwiegereltern, geschiedene
  Ehepartner und Lebenspartner einer aufgehobenen Lebenspartnerschaft
» Steuerklasse III:
  alle übrigen Erwerber, zum Beispiel Freund/Freundin, Verlobte

Und zudem hängt sie von der Höhe der Schenkung ab. Hier reichen die Steuersätze von 7 Prozent in der Steuerklasse I bis zu 50 Prozent bei Schenkungen im Millionenbereich in der Steuerklasse III.[101]

Beispiel: Nehmen wir also mal an, man schenkt seiner Mutter 40.000 Euro. Abzüglich des Freibetrages (20.000 Euro) verbleiben 20.000 Euro. Beim Steuersatz von 15 Prozent errechnen sich 3.000 Euro Schenkungsteuer.

Im Internet finden sich Rechner, mit denen man sich die Belastung ausrechnen lassen kann. Vor allem die Freibeträge zwischen Eltern und Kinder werden gern alle zehn Jahre ausgeschöpft, um vor der Erbschaft steuerfrei Vermögen zu übertragen.

Der Freibetrag zwischen Elternteil und Kind beträgt 400.000 Euro, und zwar für jeden Elternteil und jedes Kind.

Das heißt: Die Mutter kann jedem Kind alle zehn Jahre 400.000 Euro steuerfrei schenken – und auch der Vater kann dies nochmals tun.

Werden mehrere Kinder über einen langen Zeitraum wiederholt beschenkt, können so mehrere Millionen Euro steuerfrei vor der Erbschaft auf die Kinder übertragen werden. Das nennt man im Steuerdeutsch „vorweggenommene Erbfolge", um Erbschaftsteuer zu sparen.

Verschenkt man Aktien oder Immobilien, kann man auch einen Nießbrauch nutzen, um Schenkungsteuer zu sparen. Nießbrauch ist ein Nutzungsrecht, das der Eigentümer einer Sache einem Dritten (Nießbraucher) einräumt. Der Nießbraucher kann die Sache nutzen und auch Einkünfte damit erzielen.[102]

Beispiel: Ein 69-jähriger Vater schenkt seinem Sohn eine Immobilie, behält sich aber vor, die Einnahmen weiterhin zu erhalten (dafür trägt er aber auch weiterhin die anfallenden Kosten).

Um in diesem Fall den Wert der Schenkung zu ermitteln, muss man wissen, was dieses Nießbrauchsrecht wert ist.[103] Dabei ist der Jahrewert eines Nießbrauchsrechts zu ermitteln, also der Wert der Nutzung während eines Jahres. Als Jahreswert ist der Reinertrag zugrunde zu legen. Dieser ergibt sich, wenn die vom Nießbraucher zu tragenden Kosten von den Einnahmen abgezogen werden.

Nehmen wir an, das sind dann 29.000 Euro.

Es gilt vereinfacht: Jahreswert × Vervielfältiger = Kapitalwert, also: 29.000 × 10,349 = 300.121 Euro.

Zur Erklärung: Das Alter des Vaters im Beispiel beträgt 69 Jahre. Den sogenannten Vervielfältiger kann man dem Schreiben des Bundesfinanzministeriums vom 04.10.2021 in Verbindung mit Paragraf 14 Absatz 1 des Bewertungsgesetzes entnehmen; hier: Vervielfältiger (Mann) i. H. v. 10,349 (diese Tabellen kommen immer einmal im Jahr neu heraus).

Ist die Immobilie 550.000 Euro wert, darf der Betrag von 300.121 Euro nun abgezogen werden = 249.879 Euro.

Da der Wert durch Abzug des Nießbrauchsrechts unter dem Freibetrag des Vaters für den Sohn von 400.000 Euro liegt, fällt keine Steuer an. Sollte der Wert trotz Abzug des Nießbrauchs über den Freibeträgen liegen, kann man eine Abstandszahlung vereinbaren, um keine Schenkungsteuer zu zahlen.

Stirbt der Vater vor Ablauf von zehn Jahren nach Schenkung, wird der Wegfall des Nießbrauchs bewertet, was gegebenenfalls zu einer Nachversteuerung führt.

Da man zwischen Freunden, aber auch beispielsweise zwischen Tanten, Onkeln und Nichten/Neffen mit Blick auf die Schenkungsteuer nur einen Freibetrag von 20.000 Euro hat, greifen einige zum Mittel der Adoption, um den höheren steuerfreien Betrag zwischen Elternteil und Kind in Anschlag zu bringen.

Erforderlich ist bei der Erwachsenenadoption jedoch ein angemessener Altersabstand zwischen Schenker und Beschenktem. Die Anträge müssen außerdem notariell beurkundet werden und dürfen keine Bedingung oder Zeitbestimmung enthalten.

Oft gehen bei einer Erwachsenenadoption die Anträge bei Gericht durch, jedoch gibt es auch Urteile, bei denen eine Adoption untersagt wurde, und zwar unter anderem:

» bei vorausgegangenen sexuellen Beziehungen
» zur ausschließlich bezweckten Fortführung eines Adelsnamens
» bei einer hauptsächlich steuerlich motivierten Annahme
» bei Bestehen lediglich freundschaftlicher Beziehungen
» bei bloßer Sicherung von Pflegeleistungen
» bei im Vordergrund stehender finanzieller Absicherung
» sowie beim Schutz vor einer drohenden Ausweisung.

Nur wegen des Steuerfreibetrags allein sollte man jedoch keine Adoption durchführen.

| ERSTE ERBSCHAFT

Da es nur ein „Erbschaftsteuer- und Schenkungsteuergesetz" gibt, gelten die Regelungen zur Erbschaft im Wesentlichen auch für die Schenkung. Deswegen wird in diesem Kontext auf das vorhergehende Kapitel verwiesen.

Bei der Erbschaftsteuer gibt es allerdings leicht variierende Freibeträge. Wenn die eigenen Kinder oder Enkel vor einem selbst sterben, was keiner hoffen mag, dann gibt es statt dem Freibetrag bei der Schenkung von 20.000 Euro für Eltern und Großeltern einen Freibetrag von 100.000 Euro.

Vor allem, wenn man durch einen plötzlichen Todesfall eine Immobilie oder ein Unternehmen erbt, kann es, nachdem man die Erbschaftsteuererklärung abgegeben hat, sein, dass man viel Geld für die Begleichung der Erbschaftsteuerschuld beim Finanzamt braucht. Und das, obwohl das Geld nicht verfügbar ist, da es sprichwörtlich in der Immobilie oder in dem Unternehmen, in Maschinen etc., steckt.

Im Folgenden möchte ich zwei Möglichkeiten vorstellen, die es verhindern, dass einem finanziell dann das Genick gebrochen wird.

Das Familienheim

Wenn eine Erbschaft über den Freibeträgen liegt, fällt Erbschaftsteuer an, erbt ein Kind jedoch eine Wohnung als Familienheim, ist dies steuerfrei.[104] Das verstorbene Elternteil muss die Wohnung jedoch vor dem Tod zu eigenen Wohnzwecken genutzt haben, außer, er war aus zwingenden Gründen an einer Selbstnutzung gehindert, beispielsweise bei Pflegebedürftigkeit. Gleichzeitig muss auch der Erbe die Wohnung unverzüglich nach dem Erwerb zu eigenen Wohnzwecken nutzen.

Als angemessen sieht der Bundesfinanzhof hierbei in der Regel einen Einzug innerhalb von sechs Monaten an: Man muss also innerhalb eines halben Jahres in die Wohnung der verstorbenen Eltern ziehen, damit man die Chance auf Steuerfreiheit hat.[105]

Die Steuerbefreiung fällt mit Wirkung für die Vergangenheit weg, wenn der Erwerber das Familienheim innerhalb von zehn Jahren nach dem Erwerb nicht mehr selbst zu Wohnzwecken nutzt. Außer, es gibt wieder objektiv zwingende Gründe, warum man ausziehen muss. Das wird jedoch von der Finanzverwaltung sehr streng ausgelegt. Eine berufliche Versetzung etwa zählt nicht zu den zwingenden Gründen.

Diese Steuerbefreiung ist im Übrigen nicht möglich, wenn die Wohnung nur als Ferien- oder Wochenendwohnung beziehungsweise Zweitwohnsitz genutzt wird.

Voraussetzung ist außerdem, dass die Wohnfläche der Wohnung nicht mehr als 200 Quadratmeter beträgt. Bei größeren Wohnungen wird die Freistellung aber für den Anteil von 200 Quadratmeter Wohnfläche gewährt: Zum Beispiel sind dann 200 Quadratmeter von 240 Quadratmetern insgesamt hinsichtlich des Werts der Immobilie steuerfrei. Je nach Art der Immobilie kann die Bewertung allerdings, wie auch bei Betriebsvermögen, sehr komplex werden. Hier sollte man einen Steuerberater zu Hilfe ziehen.

Options- und Regelverschonung bei Betriebsvermögen

Erbt man ein Unternehmen, kann es sein, dass man gar keine Erbschaftsteuer zahlen muss, selbst wenn der Wert in die Millionen geht. Voraussetzung für diese Verschonung ist die Fortführung des Unternehmens, insbesondere, um Arbeitsplätze zu sichern. Es gibt hierbei zwei Modelle: die Options- und die Regelverschonung.[106]

Bei der Regelverschonung bleiben 85 Prozent nach fünf Jahren steuerfrei (und gegebenenfalls ein Abzugsbetrag von 150.000 Euro), wenn die Summe der Löhne und Gehälter während dieser fünf Jahre mindestens 400 Prozent der ursprünglichen Ausgangslohnsumme beträgt.

Der Rückgang der Lohnsumme darf daher für den gesamten Zeitraum nur knapp 20 Prozent ausmachen. Das dient dazu, die Arbeitsplätze der Mitarbeiter zu erhalten.

Es gibt zudem Sonderregelungen für kleinere Unternehmen mit nicht mehr als 20 Beschäftigten, bis 5 Beschäftigte muss man keine Lohnsummenregelung einhalten.

Das Verwaltungsvermögen muss bei der Variante der Regelverschonung unterhalb der 50-Prozent-Grenze liegen.

Verwaltungsvermögen sind zum Beispiel Dritten zur Nutzung überlassene Grundstücke, die man also für den eigenen Betrieb nicht benötigt. Somit könnte man ein Unternehmen im Wert von einer Millionen Euro mit der Regelverschonung steuerfrei vererben oder verschenken.

Bei der sogenannten Optionsverschonung werden zwar 100 Prozent steuerfrei gestellt, jedoch sind die Regeln strenger. Das Verwaltungsvermögen darf bei dieser Option nur maximal 10 Prozent betragen.

Die Behaltensfrist beträgt sieben Jahre, und die maßgebende Lohnsumme steigt auf 700 Prozent. Also müssen die Löhne der Angestellten konstant bleiben. Wird das nicht geschafft, muss der Erbe rückwirkend Erbschaftsteuer zahlen.

Vor allem bei größeren Unternehmen wird oft angeprangert, dass es die Möglichkeit gebe, komplett steuerfrei ein Unternehmen zu erben. Meiner Meinung nach kommt diese Kritik aber oft von Arbeitnehmern, die sich auch beschweren würden, wenn aufgrund der geringen Kontostände (da das Vermögen in Maschinen etc. gebunden ist) die Löhne angesichts der Belastung durch Erbschaftsteuer nicht mehr gezahlt werden könnten.

| ERSTE AKTIEN/ETF

Gewinne aus Aktien und ETFs (börsengehandelte Indexfonds) unterliegen grundsätzlich der Kapitalertragsteuer von 25 Prozent, zusätzlich kommt darauf ein Solidaritätszuschlag von 5,5 Prozent, was dann insgesamt 26,375 Prozent Steuern für den Anleger bedeutet. Gegebenenfalls wird noch Kirchensteuer fällig.[107]

Über einen Freistellungsauftrag bei der depotführenden Bank sind Kapitalerträge (alles zusammen: Zinsen, Dividenden, Aktien-, ETF-Gewinne etc.) bis 801 Euro pro Jahr und Person steuerfrei. Kryptowährungen zählen nicht dazu (mehr im nächsten Kapitel).

Man kann also, einfach ausgedrückt, jedes Jahr 801 Euro Gewinne mit Aktien und ETFs machen, ohne Steuern zu zahlen. Dazu sollte man bei der Bank aber einen Freistellungsauftrag hinterlegen.[108] Bei den Neobrokern geht das mittlerweile komfortabel mit ein paar Klicks in der App.

Beispiel: Bei einem Aktienkauf von BMW im Wert von 1.000 Euro und späterem Verkauf für 2.801 Euro würde es folgendermaßen aussehen:

» 2.801 Euro Verkaufspreis
» - 1.000 Euro Einkaufspreis
» - 801 Euro Sparerpauschbetrag durch einen Freistellungsauftrag
» = 1.000 Euro zu versteuern
» 1.000 Euro × 26,375 Prozent Steuern = 263,75 Euro.

 **ESPRESSO-TIPP:**

Sollte man vergessen haben, einen Freistellungsauftrag zu erteilen, und die Bank hat somit
den steuerbefreiten Sparerpauschbetrag von
801 Euro nicht berücksichtigt, kann man sich
über die Anlage KAP der Steuererklärung die zu
viel gezahlte Steuer zurückholen.

Wenn der persönliche Steuersatz unter 25 Prozent liegt (zu versteuerndes Einkommen bis etwa 17.000 Euro im Jahr), sollte man
die Günstigerprüfung für Kapitalerträge (Seite 1 Anlage KAP) in der
Steuererklärung machen. Dann werden die Kapitalerträge statt mit
der Kapitalertragsteuer mit dem persönlichen Einkommensteuersatz versteuert.[109] Aber Vorsicht: Zu den genannten 17.000 Euro Einkommen pro Jahr zählen alle Einkünfte (auch aus dem Job etc.). Das
lohnt sich also meist nur als Azubi oder Student.

Hat man sehr geringe Einkünfte (ein zu versteuerndes Einkommen von bis 10.347 Euro pro Jahr), dann kann man eine Nichtver-
anlagungsbescheinigung beim Finanzamt beantragen, so werden
auch von einem Gewinn über 801 Euro keine Steuern abgezogen.

Seit 2019 müssen Anleger bei thesaurierenden und teilweise
thesaurierenden Fonds, also Fonds, die nicht alle Gewinne ausschütten, jedes Jahr einen Mindestbetrag versteuern, auch wenn
sie nicht verkaufen.

Diese Vorabpauschale beträgt 70 Prozent des jährlichen Basis-
zinses der Bundesbank multipliziert mit dem Wert des Fondsanteils
zum Jahresbeginn. Da der Basiszins 2021 negativ war, fällt diese
Vorabpauschale 2022 weg.

Nur weil die Aktie oder der ETF im Wert steigt (ohne Verkauf),
muss man den Kursgewinn nicht versteuern.[110]

ERSTE KRYPTOWÄHRUNGEN

Gewinne aus Kryptowährungen gehören im Gegensatz zu Aktien und ETFs nicht zu den Kapitalerträgen, sondern zu den sonstigen Einkünften. Ausnahmen gibt es, wenn man beispielsweise einen Bitcoin-ETF kauft. Im Folgenden soll es aber um den Kauf von echten Coins (BTC, ETH etc.) gehen.

Hält man Kryptowährungen im Privatvermögen, ist der Verkauf nach mehr als einem Jahr steuerfrei (egal in welcher Höhe), nach weniger als einem Jahr gibt es eine Freigrenze von 600 Euro.[111]

Diese Freigrenze bedeutet, dass man zum Beispiel bei 650 Euro Gewinn innerhalb eines Jahres diese 650 Euro versteuern muss und nicht nur 50 Euro. (Vorsicht: Diese Grenze bezieht auch andere private Veräußerungsgeschäfte wie zum Beispiel die von Kunstwerken mit ein.)

Bei Kryptowährungen gibt es also keinen Freibetrag wie bei Aktien, und es greift auch nicht die Kapitalertragsteuer von 25 Prozent plus Soli, sondern der persönliche Steuersatz.

Beim persönlichen Steuersatz zählt das gesamte zu versteuernde Einkommen (inklusive Job etc.) dazu. Bis zu einem zu versteuernden Einkommen von insgesamt 10.347 Euro zahlt man keine Steuern. Von 58.597 Euro bis 277.825 Euro pro Jahr 42 Prozent, danach 45 Prozent plus Soli.

Wenn man die Kryptowährung länger als ein Jahr gehalten hat und es nicht steuerbar ist, muss man die Gewinne nicht in der Steuererklärung in der Anlage SO angeben.

Es kann aber Sinn machen, das trotzdem unter den ergänzenden Angaben im Mantelbogen der Steuererklärung anzugeben, um Rückfragen vom Finanzamt/der Bank zuvorzukommen, woher denn die Millionen kommen.

Wenn man eine Kryptowährung (wie BTC) in eine andere (wie ETH) tauscht, ist das wie ein Verkauf. Ob das Geld noch auf der Kryptobörse liegt oder auf dem Girokonto: Realisierte Gewinne, die innerhalb eines Intervalls von weniger als einem Jahr erwirtschaftet wurden, müssen in der Steuererklärung (Anlage SO) angegeben werden.

Wenn man Einkünfte mit den Coins hat, aus Staking/Lending, ist der Verkauf der Coins bereits nach einem Jahr steuerfrei und verlängert sich dann nicht auf 10 Jahre. Damit hat das Finanzministerium im Mai 2022 überraschend die Meinung geändert.

Man sollte sich also gut überlegen, ob man mit den Coins weitere Einkünfte erzielen möchte.

Machen wir ein Beispiel: Man hat Bitcoins für 35.000 Euro im März 2022 gekauft und verkauft diese im April 2022 für 40.000 Euro, dann hat man diese Coins nicht länger als ein Jahr gehalten. Die Freigrenze von 600 Euro ist mit dem Verkaufsgewinn von 5.000 Euro auch überschritten. Deshalb müssen diese 5.000 Euro auch voll versteuert werden.

Die Steuerbelastung ergibt sich dann aus den anderen Einkünften. Sind der Verkauf der Bitcoins die einzigen Einkünfte und hat man somit ein zu versteuerndes Einkommen unter dem Grundfreibetrag, zahlt man auf die 5.000 Euro Gewinn gar keine Steuern. Hat man zusammen mit den 5.000 Euro ein zu versteuerndes Einkommen von zum Beispiel 65.000 Euro, zahlt man auf die 5.000 Euro 42 Prozent Steuern (= 2.100 Euro).

Für NFTs, wie digitale Kunstwerke auf der Blockchain, gibt es aktuell noch keine Regelungen seitens der Finanzverwaltung, es kann aber davon ausgegangen werden, dass hier die Regelungen von Kryptowährungen angewendet werden. Eine lückenlose Dokumentation ist deshalb, wie auch bei den Kryptowährungen, dringend zu empfehlen. Außerdem sind Gewinne dem Finanzamt gegenüber zu erklären, um die Gefahr der Steuerhinterziehung zu vermeiden.

Insbesondere sollten hierbei folgende Punkte vom Steuerpflichtigen zur Vorbereitung auf eine Steuererklärung dokumentiert werden:

» Schaffungszeitpunkt des NFT
» Schaffungszeitpunkt des/der dem NFT zugrunde liegenden Wirtschaftsguts/Wirtschaftsgüter
» Inhalte des NFT (Art und Umfang)
» Nachweis der eigenen Erschaffung der zugrunde liegenden Wirtschaftsgüter (um ggf. Gewerbesteuer zu vermeiden)
» Kauf und Verkaufszeitpunkte des NFT
» Kauf- und Verkaufsbeträge (inkl. Umrechnungskurse der Kryptowährungen)
» Datum des Zuflusses des Verkaufserlöses.

DAS ERSTE UNTERNEHMEN GRÜNDEN

Vor allem, wenn man sein erstes Unternehmen gründet, ob im Voll- oder im Nebenerwerb, stellen sich schnell wichtige Fragen.

Steuerpflicht aufgrund eines Gewerbebetriebs?
Nach der Definition des Paragrafen 15 Absatz 2 des Einkommensteuergesetzes ergeben sich folgende Merkmale eines Gewerbebetriebs, die erfüllt sein müssen, damit es sich um Einkünfte aus einem Gewerbebetrieb handelt:

» Selbstständigkeit
» Nachhaltigkeit
» Gewinnerzielungsabsicht
» Beteiligung am allgemeinen wirtschaftlichen Verkehr.

Die Selbstständigkeit und die Beteiligung am allgemeinen wirtschaftlichen Verkehr sind rasch erfüllt, wenn man etwas verkauft. Die Frage ist: Hat man eine Gewinnerzielungsabsicht, und betreibt man sein Gewerbe nachhaltig, oder will man nur ein oder zwei Mal im Jahr seine alten Sachen auf dem Flohmarkt loswerden?

Wenn man als Einzelunternehmer ein Gewerbe startet, dann reicht eine nachhaltige Gewinnerzielungsabsicht aus, es genügt also, diese Tätigkeit öfter mit der Absicht, Gewinne zu erzielen, auszuüben, man muss tatsächlich noch keine Gewinne machen.

Startet man also beispielsweise einen Onlinehandel für Socken, muss man sofort ein Gewerbe anmelden und nicht erst ab dem Zeitpunkt, an dem man Gewinne macht.

Die vier genannten Merkmale eines steuerlichen Gewerbebetriebs gelten nur, wenn die Betätigung weder als Ausübung von Land- und Forstwirtschaft noch als Ausübung eines freien Berufs noch als eine andere selbstständige Arbeit anzusehen ist. Außerdem muss der Rahmen der privaten Vermögensverwaltung überschritten sein.

Insbesondere stellt sich hierbei die Frage, ob man Einkünfte aus selbstständiger Arbeit oder aus einem Gewerbebetrieb hat.

Wenn man einem freien Beruf nachgeht, muss man kein Gewerbe anmelden; darunter fallen selbstständig ausgeübte wissenschaftliche, künstlerische, schriftstellerische, unterrichtende oder erzieherische Tätigkeiten, die selbstständigen Berufstätigkeiten von Ärzten, Zahnärzten, Tierärzten, Rechtsanwälten, Notaren, Patentanwälten, Vermessungsingenieuren, Ingenieuren, Architekten, Handelschemikern, Wirtschaftsprüfern, Steuerberatern, beratenden Volks- und Betriebswirten, vereidigten Buchprüfern, Steuerbevollmächtigten, Heilpraktikern, sogenannten Dentisten, Krankengymnasten, Journalisten, Bildberichterstattern, Dolmetschern, Übersetzern, Lotsen, und ähnliche Berufe.

Es gibt aber auch Tätigkeiten, bei denen, je nach Ausprägung, sowohl eine gewerbliche als auch eine freiberufliche Tätigkeit gegeben sein kann. Beispielsweise bei Fotografen. Hier muss, sobald auf Auftragsbasis und nicht nur rein „künstlerisch" gearbeitet wird, ein Gewerbe angemeldet werden.[112]

Übrigens: Kapitalgesellschaften (UG (haftungsbeschränkt), GmbH, AG etc.) sind unabhängig von der Art der Tätigkeit ein Gewerbebetrieb.

In der Regel muss also für die unternehmerischen Tätigkeiten ein Gewerbe angemeldet werden. Wenn man sich unsicher ist, kann man einen Steuerberater oder Anwalt für die Abstimmung mit dem Finanz- und Gewerbeamt hinzuziehen.

In einem Einzelunternehmen die Gewerbesteuer vermeiden zu wollen ist oft nicht einmal steuerlich sinnvoll. Warum das so ist, wird an späterer Stelle behandelt.

Vorweggenommene Betriebsausgaben

Auch schon, bevor man Einnahmen erzielt, können Ausgaben anfallen, die steuerlich abgesetzt werden dürfen. Es empfiehlt sich dennoch, zeitnah ein Gewerbe anzumelden und den steuerlichen Erfassungsbogen auszufüllen.

Diese sogenannten vorweggenommenen Betriebsausgaben können abgesetzt werden, wenn ein klar erkennbarer wirtschaftlicher Zusammenhang zwischen den Aufwendungen und den Einkünften besteht. Der Abzug der Aufwendungen setzt voraus, dass ihre Entstehung und betriebliche Veranlassung nachgewiesen werden können. Der Steuerpflichtige trägt für diese Tatsachen die Beweislast. Kommt es entgegen der Planung des Steuerpflichtigen nicht zur Eröffnung des Gewerbebetriebs, können solche Aufwendungen als vergebliche Betriebsausgaben abziehbar sein, sofern nur eine klar erkennbare Beziehung zu den Einkünften besteht. Die Aufwendungen müssen klar und eindeutig auf die Erzielung von

Einkünften in einer bestimmten Einkunftsart gerichtet sein. Hierzu gehören insbesondere:

» Finanzierungskosten,
» Reisekosten,
» Vermittlungskosten.

Keine vorweggenommenen Betriebsausgaben liegen vor, wenn die Aufwendungen lediglich dazu dienen, um herauszufinden, ob man eine gewerbliche Tätigkeit aufnehmen will.

Welche Rechtsform sollte ich wählen?

Ich muss ehrlicherweise immer ein bisschen schmunzeln, wenn mich über Social Media die Frage erreicht, was die beste Rechtsform für ein Unternehmen sei. Man müsste genau wissen, was wann in der Zukunft passieren wird, um sich bei der Unternehmensgründung richtig zu entscheiden. Da jedoch niemand in die Kristallkugel zu schauen vermag, kann man leider nicht sicher wissen, welche die beste Rechtsform ist.

Zu annähernd jeder Rechtsform gibt es vielfältige Literatur, da es hierbei um weit mehr geht als nur um Steuern. Aber keine Panik, die Entscheidung ist nicht endgültig, es geht zum Beispiel auch, das Unternehmen später umzuwandeln, etwa in eine GmbH.

Die Übersicht „Kriterien zur Rechtsformwahl" auf der nächsten Seite soll einen kleinen Eindruck ermitteln, in welcher Hinsicht es Unterschiede bei der Rechtsform gibt.

Man sieht also, dass man einiges beachten muss bei seiner Entscheidung – was man mitunter gar nicht absehen kann, weil man nicht weiß, wie schnell das Unternehmen wächst, wer sich beteiligen will, wie hoch die Gewinne sein werden und so weiter.

Kriterien zur Rechtsformwahl

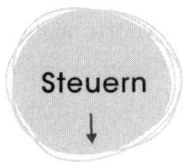

Steuern
↓

Verlustverrechnung

Thesaurierung / Ausschüttung

*Eigentum der
Betriebsgrundlage*

*Rechtsbeziehung
Gesellschaft / Gesellschafter*

Veräußerung von Beteiligungen

...

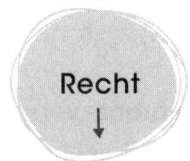

Recht
↓

Beteiligungsmöglichkeiten

Geschäftsführung

Haftung

Kapital

Arbeitnehmer

...

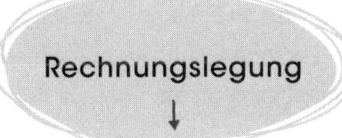

Rechnungslegung
↓

Publizitätspflichten

Prüfungspflichten

Jahresabschluss / Bilanzierung

Konzernrechnungslegung

...

Im Folgenden soll nun der grundlegende steuerliche Unterschied zwischen Einzelunternehmen, Personengesellschaften (Gesellschaft bürgerlichen Rechts (GbR) etc.) und Kapitalgesellschaften (wie der Unternehmergesellschaft (UG) (haftungsbeschränkt), GmbH etc.) dargestellt werden. Für die weiteren – nicht die steuerlichen Zusammenhänge betreffenden – Kriterien gibt es eine Vielzahl von Ratgebern zur Rechtsformwahl.

Transparenz- versus Trennungsprinzip

Der wesentliche Unterschied zwischen dem klassischen Einzelunternehmen (oder, wenn man zu mehreren gründet: der klassischen GbR als Personengesellschaft) auf der einen Seite und auf der anderen den Kapitalgesellschaften (UG (haftungsbeschränkt), GmbH etc.) ist der, dass man beim Einzelunternehmen und bei Personengesellschaften auf der Ebene des Gesellschafters (der natürlichen Person) und bei der Kapitalgesellschaft auf der Ebene der Gesellschaft besteuert.

Der Einfachheit halber wird im Folgenden zwischen Einzelunternehmen und einer Ein-Personen-GmbH unterschieden.

Schauen wir uns das mal genauer an:

Beispiel Transparenzprinzip:
» Unternehmer mit Einzelunternehmen in Passau, Bayern (Gewerbesteuerhebesatz 400 Prozent)
» Einkünfte aus dem Einzelunternehmen: 100.000 Euro im Jahr
» Zu versteuerndes Einkommen (zur Vereinfachung): gleichfalls 100.000 Euro
» Die Gewerbesteuerbelastung beträgt immer 3,5 Prozent (das ist die fixe Gewerbesteuermesszahl) multipliziert mit dem Hebesatz (der ist in jeder Gemeinde unterschiedlich) × 400 Prozent (in Passau).

» Die Gewerbesteuerbelastung liegt somit bei: 3,5 × 4 = 14 Prozent.[113]
» Die Einkommensteuerbelastung (mit anteiligem Soli)[114] liegt bei einem zu versteuernden Einkommen von 100.000 Euro bei 34,46 Prozent.

Die Steuerbelastung insgesamt wäre also knapp 50 Prozent. Weil das zu hoch ist, darf man die gezahlte Gewerbesteuer wieder auf die Einkommensteuer anrechnen. Das geht vollständig bei Gemeinden mit einem Gewerbesteuerhebesatz bis 400 Prozent. Bei Gemeinden mit einem Gewerbesteuerhebesatz über 400 Prozent bleibt man auf einem kleinen Anteil der Gewerbesteuer sitzen.[115]

Es gibt aber einen Freibetrag von 24.500 Euro bei der Gewerbesteuer. Heißt: Der Unternehmer in diesem Beispiel hat keine wirkliche Belastung durch die Gewerbesteuer. Und seine Steuerbelastung liegt weiterhin, vereinfacht gesagt, bei 34,46 Prozent.[116]

Beispiel Trennungsprinzip:
» Unternehmer mit GmbH in Passau, Bayern
» (Gewerbesteuerhebesatz 400 Prozent)
» Zu versteuerndes Einkommen der GmbH: 100.000 Euro
» Die Körperschaftsteuerbelastung liegt bei 15 Prozent plus darauf 5,5 Prozent Soli = 15,825 Prozent[117]
» Die Gewerbesteuerbelastung liegt bei: 3,5 × 4 = 14 Prozent
» Also zusammen bei knapp 30 Prozent.

Auf den ersten Blick scheint das weniger als beim Einzelunternehmen. Es ist aber nur die halbe Wahrheit und begründet wahrscheinlich den Mythos, dass man immer eine GmbH gründen sollte, um Steuern zu sparen.

Tatsächlich steckt das Geld nun aber in der GmbH. Privat ausgeben kann man es nicht. Und nimmt man eine Gewinnausschüttung vor, fallen nochmals Steuern an, im Regelfall 25 Prozent Kapital-ertragsteuer plus Soli = 26,375 Prozent.

Damit man in der Praxis nicht auf weit über 50 Prozent Steuern kommt, zahlt sich der geschäftsführende Gesellschafter normaler-weise ein Geschäftsführergehalt, das den Gewinn der GmbH mindert und dann auch mit seinem persönlichen Einkommensteuersatz besteuert wird.

Auch wenn man sich entschließt, einen Teil aus der GmbH auszu-schütten, muss man das nicht zwingend via Kapitalertragsteuer, sondern kann das auch über das Teileinkünfteverfahren machen, dann braucht man nur 60 Prozent mit seinem persönlichen Steuer-satz zu versteuern.

Voraussetzung dafür ist, dass man (1. Variante) entweder zu mindestens 25 Prozent an der Kapitalgesellschaft beteiligt ist oder (2. Variante) zu mindestens 1 Prozent an der Kapitalgesellschaft beteiligt ist und durch eine berufliche Tätigkeit für diese maß-geblichen unternehmerischen Einfluss auf deren wirtschaftliche Tätigkeit nehmen kann, in der Regel also, dass man als Geschäfts-führer angestellt ist.

Den persönlichen Steuersatz über das Teileinkünfteverfahren statt der Kapitalertragsteuer von 25 Prozent zu wählen lohnt sich selbst bei einem Steuersatz von 41,6 Prozent. (41,6 Prozent × 60 Pro-zent sind immer noch weniger als die 25 Prozent bei der Kapital-ertragsteuer.)[118]

Um es mal ganz einfach auszudrücken: Bei nicht übertrieben hohen Gewinnen, wie hier den 100.000 Euro, macht es steuerlich keinen großen Unterschied, ob man ein Einzelunternehmen oder eine GmbH hat.

Interessant wird es bei der GmbH, wenn man die Gewinne thesau-riert, also in der GmbH belässt. Das ist meistens der Fall, wenn man entweder noch andere Einkünfte hat (zum Beispiel aus Vermietung und Verpachtung), von denen man leben kann, oder wenn man hohe Gewinne macht und nur einen Teil davon zum Leben braucht. Denn während der Reichensteuersatz bei 45 Prozent + Soli + ggf. Kirchensteuer, also bei etwa 50 Prozent liegt, wenn man ein Einzelunternehmen hat, kann man selbst Millionengewinne in einer GmbH mit etwa 30 Prozent Steuerlast belassen und dort reinvestieren.

Wie viel Steuern zahle ich im Nebengewerbe?

Die eben dargestellten Grundsätze gelten auch, wenn man ein Nebengewerbe zusätzlich zu seinem eigentlichen Job hat. Einkünfte bis 410 Euro im Jahr sind steuerfrei.[119]

Beim Nebengewerbe gibt es den Mythos, dass es hohe Steuerfreibeträge gebe. Manche meinen, 22.000 Euro Gewinn seien steuerfrei (andere beziehen sich noch auf die alte Grenze der Kleinunternehmerregelung von 17.500 Euro). Hier zirkulieren jedoch viele Irrtümer. Die Kleinunternehmerregelung (mehr dazu später) bezieht sich nur auf die Umsatzsteuer. Einkommensteuer muss man trotzdem bezahlen.

Wie viel Steuern man zahlen muss, kommt immer auf das zu versteuernde Einkommen an.

Beispiel: Nehmen wir an, man macht 5.000 Euro Gewinn mit seinem Nebengewerbe als Einzelunternehmer.

Zusammen mit diesen 5.000 Euro weist man in einem Fall, da der Hauptjob nicht so gut bezahlt ist, insgesamt ein zu versteuerndes Einkommen von 25.000 Euro auf, und im anderen, da man einen gut bezahlten Hauptjob hat, ein zu versteuerndes Einkommen von 65.000 Euro.

Verdient man weniger, hat man eine geringere steuerliche Belastung auf die Einkünfte aus dem Nebengewerbe, hier von etwa

29 Prozent, verdient man mehr, also hier insgesamt 65.000, zahlt man auf die 5.000 Euro Einkünfte aus dem Nebengewerbe 42 Prozent Steuern.

Holding?

Gefühlt wollen alle eine Holding gründen, aber warum eigentlich? Zunächst müssen wir einmal klären, was die klassische Holdingstruktur bedeutet:

Hier gehört einem die gewerbliche GmbH nicht direkt, sondern es ist eine (meist vermögensverwaltende) GmbH dazwischengeschaltet. Aber warum macht man das?

Zunächst muss festgehalten werden, dass die gewerbliche Tochter-GmbH ihre Gewinne trotzdem ganz normal mit etwa 30 Prozent versteuern muss. Das ist also kein Vorteil über eine Holding.

Ein Vorteil ergibt sich jedoch bei Ausschüttungen und späterem Verkauf der Tochter-GmbH. Da bei der Ausschüttung von der Tochter-GmbH an die Holding 95 Prozent steuerbefreit sind, ergibt sich nur eine Steuerbelastung von etwa 1,5 Prozent (rund 30 Prozent der verbleibenden 5 Prozent) bei der Ausschüttung, was natürlich viel besser ist als die 25 Prozent Kapitalertragsteuer plus Soli.

Das gilt jedenfalls, wenn man zu mindestens 15 Prozent an der Tochter-GmbH beteiligt ist (körperschaftsteuerlich reichen auch 10 Prozent).[120]

Man muss aber bedenken, dass das Geld dann immer noch in der Holding-GmbH steckt und nicht privat verwendet werden kann! Will man es sich privat ausschütten, fallen nochmals Steuern an. Es kann aber sinnvoll sein, wenn man über die vermögensverwaltende Holding-GmbH wieder in andere Sachen (wie z. B. Immobilien) reinvestieren möchte.

Insbesondere bei Technologie-Start-ups entscheidet man sich oft für die Holding-Struktur, da ein Verkauf der Tochter-GmbH ebenfalls zu 95 Prozent steuerbefreit ist. Das heißt, die Steuerbelastung liegt auch bei einem Verkauf in Millionenhöhe bei nur etwa 1,5 Prozent, statt bei etwa 27 Prozent im Privatvermögen.[121] Aber auch hier gilt: Die Holding lohnt sich meist nur, wenn man das Geld dann wieder aus der Holding-GmbH heraus investiert. Beispielsweise Immobilien oder in andere Start-ups.

GmbH & Co. KG – das Beste aus zwei Welten?

Ein großer Vorteil bei Kapitalgesellschaften ist, dass man im Regelfall nicht mit dem Privatvermögen haften muss. Das ist bei Personengesellschaften leider nicht der Fall.

Deren großer Vorteil, neben den möglichen steuerlichen Vorteilen innerhalb einer Personengesellschaft, ist aber wiederum, dass man im Falle von Verlusten mit der Personengesellschaft diese mit anderen positiven Einkünften wie z. B. aus Vermietung und Verpachtung verrechnen kann. Das geht mit der GmbH nicht.

Wie kann man es also schaffen, die Vorteile einer Personengesellschaft mit den Vorteilen einer Kapitalgesellschaft zu verbinden?

Eine Möglichkeit ist, eine Kommanditgesellschaft zu gründen. Hier gibt es normalerweise auch eine natürliche Person als Vollhafter, aber man kann stattdessen auch eine GmbH gründen, die wiederum als Vollhafter (Komplementär) agiert. Diese klassische GmbH & Co. KG ist zwar nicht gesetzlich verankert, aber seit Jahrzehnten in der Rechtsprechung akzeptiert.

Man munkelt, die GmbH & Co. KG sei die Lieblingsrechtsform der Steuerberater, weil man gleich mehrere Abschlüsse für eine Rechtsform machen und entsprechend in Rechnung stellen kann. Einmal kostet der KG-Abschluss Geld und einmal der GmbH-Abschluss. Eine GmbH & Co. KG ist also teuer im Unterhalt. Die Steuerberater halten dem entgegen, dass es dafür viele Vorteile im Falle einer Erbschaft gibt. Man sieht: Bei jeder Rechtsform gibt es Vor- und Nachteile.

GmbH-Gründung

Eine GmbH kann man nicht selbst gründen, man braucht hierfür einen Notar.[122] Wie läuft so eine GmbH-Gründung ab?

Zunächst legt man für die GmbH-Gründung die wesentlichen Daten, die auch gesetzlich gefordert sind, fest:

» Name der Gesellschaft (Firmierung)
» Gegenstand der Gesellschaft
» Sitz
» Gesellschafter
» Beteiligungsverhältnisse (Höhe, Aufbringung und Verteilung des Stammkapitals)
» Geschäftsführung.

Bei mehreren Gesellschaftern empfiehlt es sich außerdem, einen von einem Rechtsanwalt individuell angefertigten Gesellschaftsvertrag erstellen zu lassen und keinen Standardvertrag zu verwenden, da, zum Beispiel im Todesfall, oft andere Regelungen als die Standardregelungen gewünscht sind.

Außerdem sollte man mit der zuständigen Industrie- und Handelskammer (IHK) klären, ob der Name und der Gegenstand der Gesellschaft passen. Das ist zwar nicht zwingend notwendig, aber sehr empfehlenswert: Die IHK kann im Eintragungsverfahren zu einer Stellungnahme aufgefordert werden, mit einer Vorabanfrage können Bedenken gegen die Firmierung bereits im Vorfeld ausgeräumt werden.

Dann vereinbart man einen Notartermin. Dieser beurkundet für die GmbH den Gesellschaftsvertrag und das Gründungsprotokoll. Außerdem fertigt er die weiteren erforderlichen Unterlagen für das Handelsregister, zum Beispiel die Gesellschafterliste.

Nachdem man beim Notar war, eröffnet man mit diesen Unterlagen bei der Bank ein Konto für die GmbH in Gründung und zahlt das Mindeststammkapital ein. Dieses beträgt 25.000 Euro. Einbezahlen muss man bei Gründung nur 12.500 Euro. In diesem Fall bleibt es bis zur Einbringung der vollen 25.000 Euro bei einer persönlichen gesamtschuldnerischen Haftung aller Gesellschafter für den Differenzbetrag von 12.500 Euro.[123]

Die Bank oder man selbst schickt dann dem Notar einen Nachweis über die Einzahlung des Stammkapitals. Im Anschluss stößt der Notar die Anmeldung der Gesellschaft ins Handelsregister an.

Vorsicht: Kurz nach Eintragung erhält man oft Schreiben, dass man Geld überweisen müsse, damit die GmbH in ein Register eingetragen werde. Diese Schreiben sind Fake, und es sollte auf keinen Fall überwiesen werden!

Ist die GmbH im Handelsregister eingetragen, kann man durch Vorlage des Handelsregisterauszuges den „i. Gr."-Vermerk vom

Konto entfernen lassen. Dann hat man ein „richtiges" GmbH-Konto. Anschließend muss man für die GmbH unter Vorlage des Handelsregisterauszuges noch ein Gewerbe beim zuständigen Gewerbeamt der Stadt anmelden.

Danach füllt man den steuerlichen Erfassungsbogen beim Finanzamt aus. Diese beiden Schritte werden im folgenden Kapitel erklärt.

Gewerbeanmeldung und steuerlicher Erfassungsbogen

Während man im Gegensatz zu einer GmbH-Gründung bei einem (gewerblichen) Einzelunternehmen keinen Notar braucht, muss man dennoch bei beiden Rechtsformen zwei wesentliche Aufgaben erledigen, bevor man richtig loslegen kann:

1. ein Gewerbe bei der Stadt/Gemeinde anmelden[124]
2. den Fragebogen zur steuerlichen Erfassung ausfüllen.[125]

Einen Termin zur Gewerbeanmeldung bei der Stadt vereinbart man meist online und füllt dann schon einmal das jeweilige Formular der Stadt aus.

Mit diesem Formular und dem Personalausweis oder Reisepass nimmt man den Termin bei der Stadt wahr. Der dauert meist nur wenige Minuten und kostet, je nach Kommune, zwischen 10 und 65 Euro.

Nachdem man das Gewerbe angemeldet hat, muss man auf *www.elster.de* den Fragebogen zur steuerlichen Erfassung ausfüllen. Dieser Vorgang ist leider nicht mehr so einfach zu bewerkstelligen wie die Gewerbeanmeldung bei der Stadt. Es schadet hierbei nicht, einen Steuerberater zurate zu ziehen.

Ich möchte im Folgenden die wichtigsten Punkte dieses langen Bogens erklären:

Zuerst einmal muss man die voraussichtlichen Einkünfte im Jahr der Betriebseröffnung und im Folgejahr eintragen. Achtung: Bitte hier nicht die Umsätze eingeben, sondern die Einnahmen minus die Ausgaben, sprich: die Einkünfte, im Prinzip den voraussichtlichen Gewinn.

 ESPRESSO-TIPP:

Den zukünftigen Gewinn lieber ein bisschen konservativer schätzen, damit die Vorauszahlungen an das Finanzamt und die Stadt/Gemeinde nicht zu hoch ausfallen. Sobald man bemerkt, dass das Unternehmen dann tatsächlich besser oder schlechter läuft, kann beim Finanzamt immer noch ein Antrag auf Anpassung der Vorauszahlung gestellt werden.[126]

Mit einem kleinen Einzelunternehmen wählt man in der Regel die Gewinnermittlungsart „Einnahmenüberschussrechnung", diese darf von allen gewerblichen Unternehmen angewendet werden, die nicht im Handelsregister eingetragen sind und unterhalb der folgenden Grenzwerte liegen:[127]

» Jahresumsatz nicht über 600.000 Euro,
» Jahresgewinn nicht über 60.000 Euro.

Als Freiberufler kann man auch über diese Grenzsetzung hinaus eine Einnahmenüberschussrechnung machen.

Gründet man eine Kapitalgesellschaft, etwa eine UG (haftungsbeschränkt), muss man im steuerlichen Erfassungsbogen den „Vermögensvergleich (Bilanz)" wählen. Hat man eine UG gegründet, muss man außerdem über *www.elster.de* eine Eröffnungsbilanz übermitteln.[128]

Wenn man in den ersten zwölf Monaten voraussichtlich nicht mehr als 22.000 Euro Umsatz macht, darf man die Kleinunternehmer-Regelung wählen. Dann muss man auf der Rechnung keine Umsatzsteuer ausweisen und im Regelfall keine Umsatzsteuervoranmeldungen abgeben. Aber Vorsicht: Eine Steuererklärung muss man trotzdem abgeben, und mit einem Nebengewerbe hat man bereits jenseits von 410 Euro Einkünften pro Jahr Steuern zu bezahlen.

Man darf als Kleinunternehmer zwar ohne Umsatzsteuer Rechnungen schreiben (mit einem Hinweis wie „gemäß § 19 UStG wird keine Umsatzsteuer berechnet"); der Nachteil ist aber, dass man bei Einkäufen, z. B. bei einem Laptop für 1.000 Euro netto, die 190 Euro Umsatzsteuer auch nicht als Vorsteuer wiederbekommt. Außerdem kann es vorkommen, dass man als Kleinunternehmen trotzdem Umsatzsteuer zahlen muss. Nämlich dann, wenn man Leistungen von ausländischen Unternehmen aus dem Ausland bezieht (wie Google, Meta). Hier kommt es zur sog. Umkehr der Steuerschuldnerschaft, der dazu führt, dass selbst Kleinunternehmer die Umsatzsteuer zahlen müssen.[129]

Entscheidet man sich gegen die Kleinunternehmer-Regelung, empfiehlt es sich, bei der „Soll-/Istversteuerung der Entgelte" die „Istversteuerung" zu wählen. Dann muss man die Umsatzsteuer erst ans Finanzamt zahlen, wenn die Rechnung vom Kunden bezahlt ist. Was vor allem gut ist, wenn die Kunden nicht schnell bezahlen. Hier spart man sich, je nach Höhe der ausstehenden Rechnungen, entsprechend einen Bankkredit oder Überziehungszinsen fürs Geschäftskonto.

Eine Umsatzsteuer-Identifikationsnummer sollte man gleich mitbeantragen, dann hat man die schon mal. Angenommen, ein ausländischer Onlineshop fordert diese bei der Bestellung.

Nach einigen Wochen bekommt man eine Steuernummer vom Finanzamt (und eine Umsatzsteuer-Identifikationsnummer vom

Bundeszentralamt für Steuern, wenn man diese mitbeantragt hat). Erst mit einer dieser Nummern kann man eine ordnungsgemäße Rechnung schreiben. Man sollte also mit dem Schreiben von Rechnungen warten, bis man eine Steuernummer erhalten hat.[130]

Betriebsausgaben / Umsatz versus Gewinn

In den Kommentaren auf Social Media sehe ich immer wieder, wie sich Leute mit Umsatzzahlen profilieren. Um aber eins schon vorab klarzustellen: Selbst wenn ein Unternehmen 100 Millionen Euro Umsatz macht, muss es noch lange nicht gut laufen. Denn wenn dauerhaft 110 Millionen Euro an Kosten anfallen, um diese 100 Millionen Euro zu erwirtschaften, hat man, um es sehr freundlich auszudrücken, ein bescheidenes Geschäft.

Rein wirtschaftlich gesehen ist es zwar nicht gut, viele Betriebsausgaben zu haben, steuerlich aber schon, da sie den Gewinn mindern. Doch was kann man alles als Betriebsausgaben absetzen?

Das wird in Paragraf 4 Absatz 4 des Einkommensteuergesetzes definiert: „Betriebsausgaben sind die Aufwendungen, die durch den Betrieb veranlasst sind."

Diese Definition bedeutet: alles und nichts. Es ist eben sehr individuell gelagert, was ein Unternehmer von der Steuer absetzen kann. Es kommt auf das jeweilige Unternehmen an. Kann ein Luxusuhrenhändler die Reinigung seiner Luxusuhren als Betriebsausgaben von der Steuer absetzen, kann ein anderer Unternehmer, der beispielsweise ein Bauunternehmen besitzt, die Reinigung seiner Luxusuhren nicht von der Steuer absetzen, da hier lediglich ein privates Vergnügen vorliegt.

Die Aufwendungen für die private Lebensführung dürfen ebenfalls nicht als Betriebsausgaben von der Steuer abgesetzt werden. Dennoch versuchen Unternehmer oft, Essen, Urlaub und Autos als Betriebsausgaben abzusetzen.

Deshalb werde ich mich in den folgenden drei Kapiteln diesen Bereichen widmen.

Essen von der Steuer absetzen?

Was man als Unternehmer nicht machen darf, ist, allein zu essen und diese Kosten dann von der Steuer abzusetzen. Auch wenn man für sich selbst im Supermarkt einkauft, kann man diese Kosten nicht von der Steuer absetzen.

Man darf jedoch kleine Aufmerksamkeiten für die Mitarbeiter im Büro einkaufen. „Aufmerksamkeiten" sind keine vollen Mahlzeiten, sondern Kaffee und Kuchen, Obst, Brezeln oder Ähnliches.[131] Möchte man einmal richtig gut speisen gehen oder sich ganze Mahlzeiten liefern lassen, dann geht das in Grenzen auch, wenn man entweder mit einem Geschäftspartner oder mit seinen Mitarbeitern isst.

Geschäftspartner bewirten

Angenommen man lädt Geschäftspartner in ein Restaurant ein, müssen die Bewirtungsaufwendungen in einen unangemessenen Teil, der überhaupt nicht abzugsfähig ist, und einen angemessenen Teil, der zu 70 Prozent abgesetzt werden darf, aufgeteilt werden. Übertreibt man es nicht beim Bestellen, ist die Rechnung oft vollständig angemessen.

Was angemessen ist, richtet sich nach den Umständen des Einzelfalls und der allgemeinen Verkehrsauffassung, kann also je nach Branche und Anlass variieren. Während bei einem großen, ertragreichen Unternehmen womöglich auch das Luxusdinner im Sternerestaurant abgesetzt werden darf, kann das beim kleinen Nagelstudio um die Ecke schon ganz anders aussehen.

Aber selbst von den angemessenen Aufwendungen dürfen ertragsteuerlich nur 70 Prozent abgesetzt werden. Dafür ist die Umsatzsteuer als Vorsteuer in vollem Umfang abziehbar.[132]

Beispiel:

Die Restaurantrechnung beläuft sich auf 90 Euro. Davon entfallen 10 Euro auf die Umsatzsteuer (je nach Getränkeanteil), die bekommt man als vorsteuerabzugsberechtigter Unternehmer vollständig zurück.

Die restlichen 80 Euro sind dann zu 70 Prozent (56 Euro) absetzbar. Rückerstattung je nach individuellem Steuersatz (z. B. 30 Prozent) = 16,80 Euro.

Somit bekommt man insgesamt 26,80 Euro von 90 Euro zurück.

 **ESPRESSO-TIPP:**

Um die Umsatzsteuer zurückzubekommen, muss bei Rechnungen über 250 Euro brutto auch der Unternehmer als Rechnungsadressat aufgeführt sein. Das geht entweder handschriftlich durch den Bewirtungsbetrieb (nicht durch einen selbst), besser aber ist, man spricht das vor Zahlung an, mittlerweile können viele Kassensysteme der Gastronomen die Adresse auch auf die Rechnung drucken.

Der Anlass der Bewirtung muss außerdem klar sein. Allgemeine ergänzende Angaben auf dem Bewirtungsbeleg, zum Beispiel „Bewirtung von Geschäftsfreunden", lassen den Zusammenhang mit einer Geschäftsbeziehung nicht erkennen und reichen nicht aus. Entsprechend sollte man genau notieren, warum das Essen stattfand. Zudem müssen die vollständigen Namen aller Teilnehmer an einer Bewirtung festgehalten werden, also auch der des bewirtenden Unternehmers. Zusätzlich ist der Beleg vom bewirtenden Unternehmer (nicht von den Gästen) zu unterschreiben.

Das zu den wichtigsten Punkten. Weitere (sehr) detaillierte Regelungen zu Bewirtungen kann man in dem Schreiben vom Bundesministerium der Finanzen „Steuerliche Anerkennung von Aufwendungen für die Bewirtung von Personen aus geschäftlichem Anlass in einem Bewirtungsbetrieb als Betriebsausgaben" vom 30.06.2021 nachlesen.[133]

Arbeits- und Belohnungsessen für Mitarbeiter
Wenn der Arbeitnehmer vom Arbeitgeber zum Essen eingeladen wird und keine Geschäftspartner des Arbeitgebers dabei sind, ist es wichtig, ob es ein Arbeitsessen oder ein Belohnungsessen ist. Denn nur Arbeitsessen sind steuerfrei für den Arbeitnehmer möglich und somit ohne Probleme absetzbar.[134]

Als Anhaltspunkt für ein Arbeitsessen kann gelten, dass es
» nach einem besonderen Arbeitseinsatz oder
» nach einer außergewöhnlich langen betrieblichen Besprechung gewährt wird.

Von einem außergewöhnlichen Arbeitseinsatz ist nach dem Urteil des Bundesfinanzhofs vom 04.08.1994 auszugehen, wenn ein innerhalb kurzer Zeit zu erledigender oder unerwarteter Arbeitsanfall zu bewältigen ist und darüber hinaus das überlassene Essen einfach und nicht aufwendig ist (maximal 60 Euro pro Person). Also die Pizzabestellung ist drin.

Aber Vorsicht: Arbeitsessen, die mit einer gewissen Regelmäßigkeit durchgeführt werden, zum Beispiel einmal im Monat, führen in aller Regel zu steuerpflichtigem Arbeitslohn für den Arbeitnehmer, es handelt sich dann nämlich um ein sogenanntes Belohnungsessen.

Der Arbeitgeber kann die Lohnsteuer für ein Belohnungsessen
» dem individuellen Steuersatz des Arbeitnehmers unterwerfen
  (sprich, der Arbeitnehmer muss es wie Geld versteuern) oder
» die Lohnsteuer pauschal mit 30 Prozent berechnen, wenn das
  Essen zusätzlich zum Gehalt gewährt wurde (bis insgesamt
  10.000 Euro pro Jahr).[135]

Außerdem kann, zumindest für Arbeitnehmer, die monatliche Sachbezugsfreigrenze von 50 Euro zur Anwendung kommen (wenn nicht
anderweitig bereits aufgebraucht, wie für Tankgutscheine).[136] Als
Arbeitgeber sollte man also aufpassen und die Arbeitnehmer nicht
zu oft zum Essen einladen. Denn das kann später bei Prüfungen auf-
fallen und zu Nachzahlungen von Steuern und Sozialabgaben führen.

Urlaub von der Steuer absetzen?

Auch Unternehmer dürfen Urlaubsreisen nicht von der Steuer absetzen. Es ist aber erlaubt, betriebliche und private Reisen zu kom-
binieren, um steuerlich zu optimieren. Das heißt, man verbindet
eine geschäftliche Reise mit einem privaten Urlaub, in dem man
während des Urlaubs auch berufliche Termine vor Ort wahrnimmt
(z. B. eine Messe besucht). Die Reisekosten müssen dann in einen
betrieblichen und privaten Kostenanteil gesplittet werden.

Der Unternehmer darf die Aufwendungen indes nur dann aufteilen, wenn der betriebliche bzw. berufliche Anteil der Aufwendungen mindestens 10 Prozent beträgt. Das gilt auch für Arbeitnehmer.
Will ein Unternehmer eine Auslandsgruppenreise unternehmen,
dann sollten alle Teilnehmer dieselbe berufliche Ausrichtung haben.

Beispiel: Ein Unternehmer besucht ein 5-tägiges Fachseminar in Öster-
reich. Im Anschluss an das Seminar macht er einen 5-tägigen Urlaub.

Die Seminar- und Tagungsgebühren sind steuerlich voll absetzbar. Von Flug-, Transfer- und Hotelkosten kann man 50 Prozent von der Steuer absetzen, da man 5 von 10 Tagen betrieblich unterwegs war.

Firmenwagen

Auch ein Unternehmer muss die private Nutzung seines Firmenwagens, wie bereits beschrieben, versteuern. Die private Versteuerung eines Firmenwagens und die zugehörigen Optimierungsmöglichkeiten sind bereits im Zusammenhang der Gehaltsextras behandelt worden.

Doch es stellt sich noch die Frage: Wann darf man überhaupt einen Firmenwagen als Unternehmer haben – und wann muss man sogar einen haben?

Wenn man sein Auto zu mehr als 50 Prozent betrieblich nutzt, ist es, ob man will oder nicht, Betriebsvermögen. Nutzt man es weniger als 10 Prozent betrieblich, darf es jedoch nicht im Betriebsvermögen sein.[137]

Zwischen 10 Prozent und 50 Prozent betrieblicher Nutzung darf man es sich aussuchen, ob man das Auto im Betriebsvermögen möchte.

Um zu wissen, ob das Auto ins Betriebsvermögen aufzunehmen ist oder nicht, kann man entweder ein Fahrtenbuch über einen repräsentativen Zeitraum von drei Monaten führen oder den Nachweis über die drei Monate via alternative Unterlagen (wie Eintragungen im Terminkalender) erbringen.

Nicht immer ist es besser, ein Auto ins Betriebsvermögen zu nehmen. Die Alternative liegt darin, die betrieblichen Fahrten im Privatvermögen über die Steuererklärung abzurechnen. Außerdem gibt es noch weitere Vorteile im Privatvermögen:

» keine Aufnahme ins Anlagevermögen
» weniger Aufzeichnungspflichten
» Verkauf muss nicht separat versteuert werden

» Privatnutzung unterliegt nicht der Umsatzsteuer
» keine Umsatzsteuer bei einem Verkauf (Regelfall).

Mit Blick auf die Umsatzsteuer kann man das Auto, auch wenn man es ertragsteuerlich nicht dem Betriebsvermögen zuordnet, weil man es nur zwischen 10 und 50 Prozent nutzt, dennoch dem umsatzsteuerlichen Unternehmensvermögen zuordnen. Dann kann trotz einer Zuordnung zum Privatvermögen der volle Vorsteuerabzug beansprucht werden. Für die Kosten, die auf die private Nutzung entfallen, muss der Unternehmer jedoch Umsatzsteuer zahlen. Der Verkauf des privaten Autos unterliegt dann ebenfalls der Umsatzsteuer. Man muss sich als Unternehmer allerdings genau überlegen, ob man ertragsteuerlich und umsatzsteuerlich eine unterschiedliche Handhabung will, denn diese ist definitiv mit einem größeren Verwaltungsaufwand verbunden.

Leasing oder Finanzierung / Barkauf?
Viele Menschen denken, einen Firmenwagen müsse man leasen, weil man dadurch am meisten Steuern sparen könne. Aber woher rührt dieser Mythos?

Zunächst muss man den grundlegenden Unterschied zwischen Leasing und Finanzierung verstehen. Beim Leasing gehört der eigene Firmenwagen immer noch dem Leasingunternehmen. Man zahlt eine monatliche Leasingrate, damit man diesen Firmenwagen nutzen darf. Beim klassischen Leasing taucht der Firmenwagen nicht im Anlagevermögen des eigenen Unternehmens auf.

Bei der Finanzierung hingegen kauft man das Auto wirklich, es kommt in das Anlagevermögen des eigenen Unternehmens, und man zahlt, meist einer Bank, einen Kredit samt Zinsen zurück.

Nehmen wir an, man will einen Firmenwagen für 40.000 Euro und zahlt dafür 600 Euro im Monat an Leasingrate, dann sind diese 600 Euro voll absetzbar.

Finanziert man den Wagen und zahlt der Bank eine Kreditrate von 600 Euro im Monat, ist nur der Zinsanteil (z. B. 45 Euro von 600 Euro) absetzbar.

Bedeutet das aber, dass man bei diesem Firmenwagen also beim Leasing 555 Euro mehr von der Steuer absetzen kann? Nein! Da der Firmenwagen bei der Finanzierung im Anlagevermögen des Unternehmens ist, darf man noch die Wertminderung des Fahrzeugs steuerlich absetzen, als sogenannte Abschreibung. Und zwar über einen Zeitraum von sechs Jahren:

Also 40.000 / 6 / 12 = rund 555 Euro im Monat. Addieren wir dazu die Zinsen in Höhe von 45 Euro, kommen wir ebenso auf 600 Euro pro Monat, die man absetzen kann.[138]

In diesem Beispiel kommt es also auf das Gleiche raus, ob man den Firmenwagen least oder finanziert. Man sollte hier eher darauf schauen, wie gut das Angebot des Autohändlers ist, was im Leasing enthalten ist etc. pp.

Man muss sich vor Augen führen: Je teurer das Leasing, desto höher die Kosten, desto höher die Steuerersparnis. Aber entscheidet man sich deswegen für ein Leasingauto? Nein. Denn es gilt: Nicht nur über Steuern steuern!

Bekommt man einen Rabatt beim Barkauf, was früher eher der Fall gewesen ist, lohnt sich dieser eventuell am meisten.

 **ESPRESSO-TIPP:**

Meiner persönlichen Erfahrung nach lohnt sich Leasing oft, wenn man das Auto maximal 36 Monate nutzen möchte; für eine Nutzung über 36 Monate hinaus empfiehlt sich eher die Finanzierung beziehungsweise der Barkauf.

Luxusauto als Firmenwagen?

Die erste Anschaffung einiger Unternehmer ist ein teurer Firmenwagen.

Hier gilt aber, ähnlich wie beim Essen im Restaurant, dass die unangemessenen Teile des Autos nicht abgesetzt werden können. Wenn das Auto also 50 Prozent zu teuer ist, darf man nur die Hälfte absetzen.

Anschaffungskosten für teure Autos zur betrieblichen Nutzung sind allerdings nicht generell unangemessen.

Nach der Rechtsprechung des Bundesfinanzhofs hängt es vom Einzelfall ab, ob die PKW-Kosten noch angemessen sind.

Als Kriterien sind bei der Angemessenheitsprüfung zu berücksichtigen:

» Größe des Unternehmens
» Höhe des längerfristig erzielbaren Umsatzes und Gewinns
» Bedeutung des Repräsentationsaufwands für den Geschäftserfolg nach der Art der ausgeübten Tätigkeit
» Üblichkeit des Repräsentationsaufwands in vergleichbaren Betrieben.

In der Praxis sind die Urteile, insbesondere der Finanzgerichte, in diesem Feld sehr interessant.[139]

Das Finanzgericht Hamburg hat in zwei Verfahren über den Vorsteuerabzug für die Anschaffung von Luxusautos entschieden. Dabei hat es die Anschaffung eines Lamborghini (Bruttokaufpreis 298.475 Euro) durch ein Reinigungsunternehmen als unangemessen angesehen, obwohl dieses Unternehmen satte Gewinne erwirtschaftet hat.

Anders wurde die Anschaffung eines Ferrari (Bruttokaufpreis 182.900 Euro) durch eine GmbH beurteilt, die sich mit der Projektentwicklung zur Energieerzeugung durch regenerative Quellen beschäftigte. Hier diente das Fahrzeug zur Eröffnung substanzieller Geschäftschancen, und der Ferrari wurde als Firmenwagen zugelassen. Und das, obwohl dieses Unternehmen im Streitjahr und den Folgejahren nur Verluste beziehungsweise später nur geringe Gewinne erwirtschaftet hat.

Wenn man dem Finanzamt darzulegen vermag, dass der teure Firmenwagen dazu dient, bessere Geschäfte zu machen und dadurch mehr Steuern zu zahlen, dann kann also auch das Luxusauto als Firmenwagen zugelassen werden.

Steuererklärungen

Neben den bereits dargestellten Anlagen der privaten Einkommensteuererklärung muss man im Falle eines Einzelunternehmens noch die Anlage EÜR und die Anlage G sowie eine Umsatzsteuer- und Gewerbesteuererklärung einreichen.

Um einen Überblick zu erhalten, was man wo eintragen muss, werden nun mit Blick auf ein überschaubares Muster-Einzelunternehmen die Formulare aufgelistet, die auf *www.elster.de* abzugeben sind.

Wenn man eine Kapitalgesellschaft hat, empfiehlt es sich, für Bilanz, Körperschaftsteuererklärung, Veröffentlichung etc. einen Steuerberater zu Hilfe zu holen.

Anlage G und Anlage EÜR

Neben den in Kapitel „Wichtige Formulare" vorgestellten Anlagen muss man hier in der Einkommensteuererklärung auch noch die Anlage G und die Anlage EÜR ausfüllen.

Wenn man die Anlagen aufruft, ist zuerst einmal die Steuernummer des Betriebs anzugeben. Die Anlage G findet man übrigens erst, wenn man die Einkommensteuererklärung macht, und kann diese dann als weitere Anlage (wie zum Beispiel die bereits beschriebene Anlage N) hinzufügen. Die Anlage EÜR kann man extra aufrufen.

In der Anlage G trägt man in Zeile 4 als Einzelunternehmer ein, was man beruflich so macht: beispielsweise „Onlinemarketing, Bereitstellung von Blogs und Videos". Rechts ergänzt man dann den Gewinn.

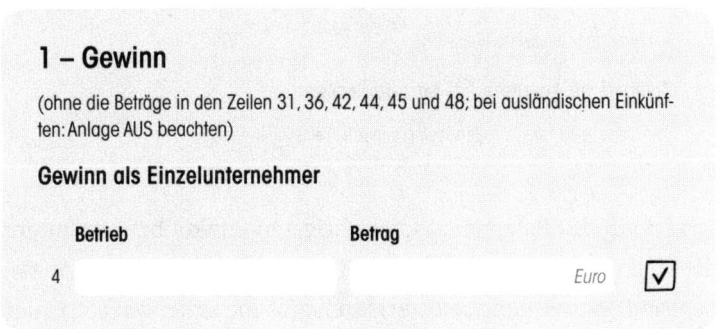

1 – Gewinn

(ohne die Beträge in den Zeilen 31, 36, 42, 44, 45 und 48; bei ausländischen Einkünften: Anlage AUS beachten)

Gewinn als Einzelunternehmer

Betrieb	Betrag	
4		Euro ☑

Fertig. Einfach, oder?

Na ja, so einfach dann auch wieder nicht. Denn der Gewinn muss ja erst mal ermittelt werden. Dazu nutzt man als Einnahmenüberschussrechner die Anlage EÜR (Einnahmenüberschussrechnung nach § 4 Absatz 3 EStG).

Anlage EÜR: Einnahmenüberschussrechnung nach §4 Absatz 3 EStG

Allgemeine Angaben

1 – Allgemeine Angaben

2 – Mitwirkung bei der Anfertigung dieser Erklärung

Gewinnermittlung

3 – 1. Betriebseinnahmen (einschließlich steuerfreier Betriebseinnahmen)

4 – 2. Betriebsausgaben (einschließlich auf steuerfreie Betriebseinnahmen entfallene Betriebsausgaben)

5 – 3. Ermittlung des Gewinns

Ergänzende Angaben

6 – Rücklagen und stille Reserven

Zusätzliche Angaben bei Einzelunternehmen

7 – Entnahmen und Einlagen im Sinne des § $ Absatz 4a EStG

Ich erkläre im Folgenden die wichtigsten Punkte bzw. erläutere die Punkte, die nicht selbsterklärend sind. Die allgemeinen Angaben sind überwiegend selbsterklärend (Name eintragen etc.), hier kann es in Zeile 6 bei „Rechtsform des Betriebes" jedoch zu einer Verwirrung kommen, da die Rechtsformen erstens nicht in alphabetischer Reihenfolge aufgelistet sind und das Einzelunternehmen bei „Sonstige Einzelgewerbetreibende" aufgelistet ist.

Bei 3 – 1. Betriebseinnahmen trägt man in Zeile 11 als umsatzsteuerlicher Kleinunternehmer die im entsprechenden Jahr zugeflossenen Betriebseinnahmen ein.

3 – 1. Betriebseinnahmen (einschließlich steuerfreier Betriebseinnahmen)

Umsatzsteuerlicher Kleinunternehmer

Betriebseinnahmen als umsatzsteuerlicher Kleinunternehmer (nach § 19 Absatz 1 UStG)

	Bezeichnung	Betrag	
11	Betriebseinnahmen	1234,56	☑

Anders als bei den Betriebseinnahmen ist die Eintragung der Betriebsausgaben unter dem Punkt 4 – 2. dann detaillierter. Das Finanzamt will genau wissen, für was Geld ausgegeben worden ist und ob diese Ausgaben wirklich betrieblich veranlasst waren.

Das heißt: Man muss die Belege über das Jahr sammeln und dann in die entsprechenden Kategorien eintragen.

Je nach Unternehmen können verschiedene Kosten anfallen. Sind bei einem Uhrenhändler Armbanduhren als Wareneinkauf anzusetzen, ist bei einem Maurer wiederum die Luxusuhr nicht einzutragen.

Ein typischer Fall für Ausgaben, die fast jeder hat, ist der IHK-Beitrag. Dieser wird in Zeile 55 eingetragen.

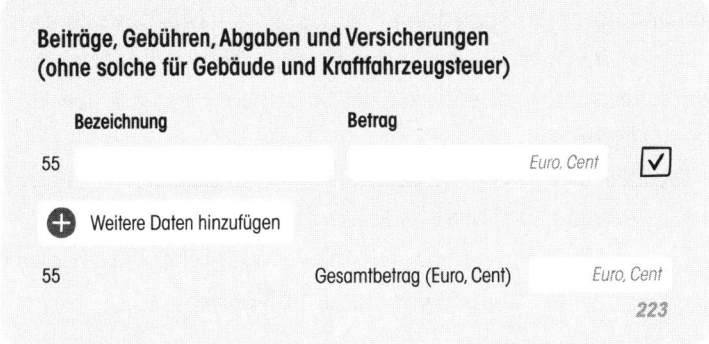

Beiträge, Gebühren, Abgaben und Versicherungen
(ohne solche für Gebäude und Kraftfahrzeugsteuer)

	Bezeichnung	Betrag	
55		Euro, Cent	☑
	⊕ Weitere Daten hinzufügen		
55		Gesamtbetrag (Euro, Cent)	Euro, Cent

223

Man sollte also jede Zeile der Anlage EÜR systematisch durchgehen und schauen, ob man in dem entsprechenden Bereich Betriebsausgaben hatte.

Aber nicht alles kann man im selben Jahr von der Steuer absetzen. Auch bei beweglichen Wirtschaftsgütern (Handys etc.), die über 800 Euro netto kosten (mit Umsatzsteuer dann in der Regel 952 Euro Ladenpreis), muss man diese über die betriebsgewöhnliche Nutzungsdauer abschreiben.

Computer, Laptops, Tablets mit mindestens 9 Zoll Bildschirmdiagonale und Tastatur sowie deren zugehörige Peripheriegeräte (Maus, Drucker etc.) kann man seit 2021 unabhängig vom Betrag im Jahr des Kaufs von der Steuer absetzen. Das gilt allerdings nicht für Handys.

Bei Smartphones und anderen Wirtschaftsgütern googelt man am besten die amtliche AfA-Tabelle für allgemein verwendbare Anlagegüter (AfA-Tabelle „AV").[140]

Nehmen wir an, ein Handy hat Anschaffungskosten von 1.300 Euro. Dann ist laut amtlicher Afa-Tabelle das Handy über fünf Jahre abzuschreiben. Wenn das Handy erst im Dezember angeschafft und bezahlt wird, kann man also theoretisch nur $\frac{1}{60}$ des Kaufpreises absetzen (1 Monat in 5 Jahren = 60 Monate): also 22 Euro.

Nun sind die AfA-Tabellen aber schon etwas älter, und kaum jemand nutzt ein Smartphone länger als 5 Jahre. Deshalb kann man versuchen, sich näher an der aktuellen betriebsgewöhnlichen Nutzungsdauer zu orientieren, das Smartphone also z. B. über drei Jahre abschreiben.

Das bedeutet in Zahlen: bei Kauf und Bezahlung im Dezember 2022: $\frac{1}{36}$ von 1.300 Euro = 37 Euro im Jahr 2022.

Das wird dann in der separaten Anlage AVEÜR eingetragen; diese erreicht man in Elster aus der Anlage EÜR heraus.

Beim letzten Punkt der Anlage EÜR muss man beim Einzelunternehmen noch Angaben zu Entnahmen und Einlagen machen.

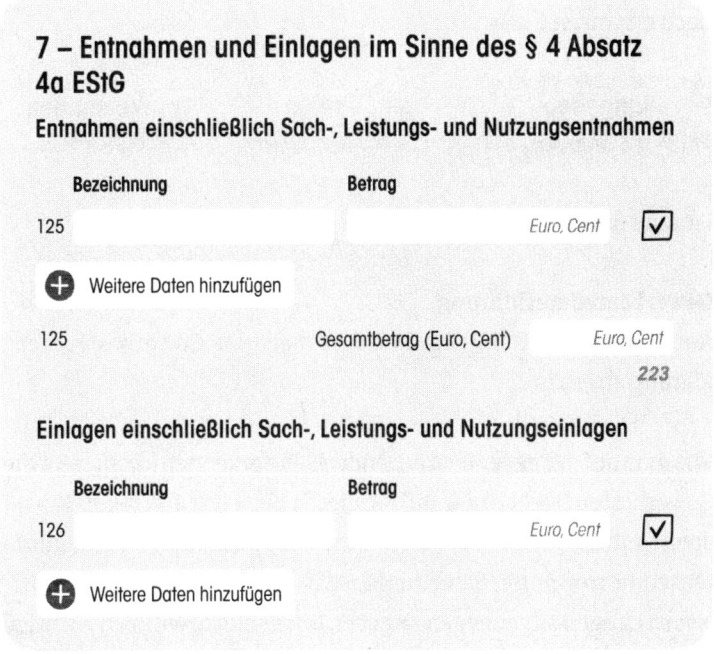

Dazu zählen nicht nur die durch die private Nutzung betrieblicher Wirtschaftsgüter oder Leistungen entstandenen Entnahmen, sondern auch die Geldentnahmen und -einlagen.[141]

Ein typischer Fall sind hier die privat veranlasste Geldabhebung vom betrieblichen Bankkonto oder Auszahlungen aus der Kasse.

Wichtig zu wissen: Sofern kein gesondertes betriebliches Konto besteht, stellen sämtliche Betriebseinnahmen auch Entnahmen und sämtliche Betriebsausgaben auch Einlagen dar. Auch deswegen macht es Sinn, das geschäftliche Girokonto vom privaten Girokonto zu trennen.

Hat man alles eingetragen, wird der Gewinn ermittelt, und man kann bei Elster im oberen Eingabefeld die Eingaben prüfen. Hat man etwas Wichtiges vergessen, wird einem gesagt, was man wo noch ergänzen muss.

Eingeben und Daten übernehmen   **Prüfen** der Eingaben   **Versenden** des Formulars

Ist man dann fertig, kann man das Formular versenden.

Gewerbesteuererklärung

Auch bei einem Kleingewerbe muss man eine Gewerbesteuererklärung abgeben.

Wie man auf der gegenüberliegenden Seite erkennen kann, sieht die Gewerbesteuererklärung auf den ersten Blick furchterregend aus – aber bleiben wir mal bei einem Einzelunternehmen mit Kleinunternehmerregelung, dann merken wir, dass es gut zu schaffen ist: Neben einigen allgemeinen Angaben ist der einzig wirklich wichtige Punkt, den Gewinn (oder Verlust) aus dem Gewerbebetrieb anzugeben. Dies macht man in Zeile 39.

---

7 – Gewinn aus Gewerbebetrieb

(Im Fall der Zeile 103 ist eine Eintragung nur in Zeile 103 zulässig; bei einem Spartenfall (Anlagen ÖHG) sind Eintragungen nur in den Zeilen 70, 71, 72, 104, 127 und 128 zulässig; Zeilen 39 bis 41, 43, 44 und 48: Negative Beträge mit Minuszeichen eintragen)

39	Gewinn aus Gewerbebetrieb vor Anwendung des §7 Satz 4 GewStG (ohne Beträge laut Zeilen 46 und 100 bis 102)	*Euro*
		10

Gewerbesteuererklärung

Erklärung zur gesonderten Feststellung des Gewerbeverlustes und zur gesonderten Feststellung des Zuwendungsvortrags

Zu den Teilseiten

1 – Allgemeine Angaben

2 – Rechtsform / Art der Tätigkeit

3 – Empfangsbevollmächtigter

4 – Ergänzende Angaben zur Steuererklärung

5 – Mitteilung von grenzüberschreitenden Steuergestaltungen

6 – Angaben zum Gewerbebetrieb

7 – Gewinn aus Gewerbebetrieb

8 – Hinzurechnungen

9 – Gewinne aus Anteilen an bestimmten Körperschaften

10 – Kürzungen

11 – Gewerbeertrag in besonderen Fällen

12 – Angaben in Organschaftsfällen

13 – Fälle des § 2 Absatz 4 Satz 3 und 4 UmwStG

14 – Negative Einkünfte aus der Veräußerung oder der Bewertung von Finanzinstrumenten oder Anteilen an einer Körperschaft nach § 2 Absatz 5 UmwStG

15 – Verlustabzugsbeschränkungen im laufenden Erhebungszeitraum

16 – Angaben zum fortführungsgebundenen vortragsfähigen Gewerbeverlust nach § 10a Satz 11 und 12 GewStG in Verbindung mit § 8d KStG

17 – Angaben zur Verlustfeststellung

18 – Angaben für Zwecke der Steuerermäßigung nach § 35 EStG

19 – Sanierungsertrag

20 – Bei einem unterjährigen Rechtsformwechsel von einer Personengesellschaft zu einem Einzelunternehmen oder umgekehrt

21 – Mitwirkung bei der Anfertigung der Steuererklärung

Umsatzsteuererklärung

Auch als Kleinunternehmer muss man eine Umsatzsteuererklärung abgeben, diese ist aber meist sehr übersichtlich, auch wenn es auf den ersten Blick nicht so aussieht:

Hauptvordruck (USt 2 A)

Zu den Teilseiten

1 – A. Allgemeine Angaben

2 – Mitwirkung bei der Anfertigung dieser Steuererklärung

3 – B. Angaben zur Besteuerung der Kleinunternehmer (§ 19 Absatz 1 UStG)

4 – C. Steuerpflichtige Lieferungen, sonstige Leistungen und unentgeltliche Wertabgaben

5 – D. Steuerfreie Lieferungen, sonstige Leistungen und unentgeltliche Wertabgaben

6 – E. Innergemeinschaftliche Erwerbe

7 – F. Steuerschuldner bei Auslagerung (§ 13a Absatz 1 Nummer 6 UStG)

8 – G. Innergemeinschaftliche Dreiecksgeschäfte (§ 25b UStG)

9 – H. Leistungsempfänger als Steuerschuldner (§ 13b UStG)

10 – I. Ergänzende Angaben zu Umsätzen

11 – J. Abziehbare Vorsteuerbeträge

12 – K. Berichtigung des Vorsteuerabzugs (§ 15a UStG)

13 – L. Berechnung der zu entrichtenden Umsatzsteuer

Wichtig sind hier vor allem die Zeilen 33 und 34, in die man die Umsätze einträgt.

3 – B. Angaben zur Besteuerung der Kleinunternehmer (§ 19 Absatz 1 UStG)

Die Zeilen 33 und 34 sind nur auszufüllen, wenn der Umsatz 2020 (zuzüglich Steuer) nicht mehr als 22.000 Euro betragen hat und auf die Anwendung des § 19 Absatz 1 UStG nicht verzichtet worden ist.

33	Umsatz im Kalenderjahr 2020 (Berechnung nach § 19 Absatz 1 und 3 UStG)	Euro
		238
34	Umsatz im Kalenderjahr 2021 (Berechnung nach § 19 Absatz 1 und 3 UStG)	Euro
		239

Geschafft! Das waren in aller Kürze die Steuererklärungen als Einzelunternehmer mit Kleinunternehmerregelung (z. B. bei einem Nebengewerbe).

Auch hier kann man bei Elster im oberen Eingabefeld die Eingaben prüfen. Hat man etwas Bedeutsames vergessen, wird einem wieder gesagt, was man wo noch ergänzen muss. Aber das kennen wir ja mittlerweile schon.

ABSCHLIESSEND NOCH WEITERE STEUERTIPPS

In den vorigen Kapiteln sind im Zusammenhang der einzelnen Themen schon zahlreiche Steuertipps gegeben worden, zum Abschluss folgen noch weitere interessante Hinweise, gegliedert in Tipps für das eigene Unternehmen, für die eigene Immobilie und Sonstiges.

UNTERNEHMEN

Unternehmensumzug

Man muss nicht gleich ins Ausland auswandern, um Steuern zu sparen. Auch innerhalb Deutschlands kann man Steuer sparen. Vor allem, wenn man eine Kapitalgesellschaft wie eine GmbH gründet, kann es Sinn machen, diese an einem Ort mit einem niedrigen Gewerbesteuerhebesatz ins Leben zu rufen. Während man beispielsweise in München einen Gewerbesteuerhebesatz von 490 Prozent hat, beläuft sich dieser in Grünwald im Landkreis München nur auf 240 Prozent.

Das bedeutet, dass das Unternehmen trotz derselben Tätigkeit am fast selben Ort statt

» 3,5 × 4,9 = 17,15 Prozent

nur noch

» 3,5 × 2,4 = 8,4 Prozent Gewerbesteuer zahlt.

Bei einem zu versteuernden Einkommen einer GmbH von einer Million Euro ist das eine jährliche Ersparnis von 87.500 Euro.

Jetzt könnte man auf die Idee kommen, einfach den Firmensitz der GmbH auf eine Adresse in Grünwald oder in einer anderen Gemeinde mit einem niedrigen Gewerbesteuerhebesatz umzumelden. Das funktioniert aber nur, wenn wirklich von dort aus gearbeitet wird. Lediglich einen Briefkasten anzumelden und weiterhin vom alten Ort aus zu arbeiten reicht nicht aus.

Hat das Unternehmen Mitarbeiter in mehreren Gemeinden, wird im Regelfall die Gewerbesteuer nach dem Verhältnis der Lohnsummen aufgeteilt. Werden beispielsweise den Mitarbeitern in München 50 Prozent aller Löhne gezahlt und denen in Grünwald die restlichen 50 Prozent, darf man 50 Prozent der Gewerbesteuer im „Gewerbesteuerparadies" Grünwald begleichen.

Jede Gemeinde in Deutschland muss mindestens einen Gewerbesteuerhebesatz von 200 Prozent haben, sprich 7 Prozent Gewerbesteuer. Dass man in einer Gemeinde mit einem Gewerbebetrieb keine Gewerbesteuer bezahlt, kommt also nicht vor.[142]

Investitionsabzugsbetrag nutzen

Wenn man einen Gewinn bis 200.000 Euro pro Jahr mit seinem Unternehmen hat, aber keine Lust, Steuern zu zahlen, da man in den Folgejahren Investitionen plant, kann man einen Investitionsabzugsbetrag (IAB) bilden, um im aktuellen Jahr weniger oder gar keine Steuern mehr begleichen zu müssen.[143]

Wer plant, innerhalb der nächsten drei Jahre für sein Unternehmen abnutzbare bewegliche Wirtschaftsgüter des Anlagevermögens, wie Fotovoltaikanlagen, einen LKW, Espressomaschinen oder
Ähnliches anzuschaffen, kann im aktuellen Jahr Steuern sparen.
Wenn man den Investitionsabzugsbetrag für einen Firmenwagen
bilden will, muss man den Firmenwagen zu mindestens 90 Prozent
betrieblich nutzen. Eine Kapitalgesellschaft hat allerdings kein
Privatvermögen, hier ist der Firmenwagen immer zu 100 Prozent
Betriebsvermögen.

Der Gewinn des Unternehmens darf vor Abzug des Investitionsabzugsbetrags im Jahr der Inanspruchnahme, wie gesagt, nicht höher sein als 200.000 Euro. Hat man mehrere Unternehmen, kann
für jedes dieser Unternehmen der Gewinn bei 200.000 Euro liegen.
Die Höhe des Investitionsabzugsbetrags beträgt maximal 50 Prozent der voraussichtlichen Anschaffungs- oder Herstellungskosten.
Die Höchstgrenze für die Summe aller Investitionsabzugsbeträge
beträgt ebenfalls 200.000 Euro, es sind also Investitionen von bis
zu 400.000 Euro begünstigt.

Beispiel:
Ein Unternehmer plant für 2023 den Kauf eines LKWs. Kosten:
100.000 Euro.

Nun darf er bereits vom Gewinn 2022 in Höhe von beispielsweise
50.000 Euro einen Investitionsabzugsbetrag von 50.000 Euro abziehen. Er zahlt also keine Steuern im laufenden Jahr.

Dafür hat der Unternehmer künftig weniger Abschreibung, da der
Investitionsabzugsbetrag die Anschaffungskosten des LKWs im Jahr
der Anschaffung mindert. Man sollte wissen, dass im Jahr der Anschaffung noch 20 Prozent Sonderabschreibung geltend gemacht
werden können.

Wenn der LKW im Januar 2023 für 100.000 Euro angeschafft wird, überträgt man den Investitionsabzugsbetrag von 50.000 Euro auf den neu angeschafften LKW. Dann fällt die Abschreibung in den künftigen Jahren geringer aus, da diese sich nicht mehr von 100.000 Euro, sondern von 50.000 Euro berechnet.

Man spart insgesamt also meist keine Steuern, sondern muss diese „nur" später zahlen. Steuerersparnisse können sich ergeben, wenn in einem Jahr der Gewinn besonders hoch ist und man deshalb z. B. in den Spitzensteuersatz fällt. Wenn man erwartet, dass es in den nächsten Jahren nicht so gut läuft und man weniger Gewinn macht und deshalb auch ein niedrigerer Steuersatz anfällt, kann es durch den Investitionsabzugsbetrag auch insgesamt zu Steuerersparnissen kommen.

Vorsicht: Wenn man nicht investiert, also im Beispiel doch keinen LKW kauft, gilt, dass drei Jahre nach Rücklagenbildung der Investitionsabzugsbetrag bei Nichtinvestition rückwirkend wieder aufgelöst wird und man dann die Steuern nachzahlen muss. Man sollte also nur mit wirklicher Investitionsabsicht einen Investitionsabzugsbetrag bilden, denn investiert man nicht, muss man letztlich nicht nur die Steuern nachzahlen, sondern es werden zusätzlich auch Zinsen fällig.

6b-Rücklagen – Grundstücke

Wenn man Grundstücke aus dem bestehenden Betriebsvermögen verkauft, werden oft stille Reserven (Verkaufspreis minus Buchwert) aufgedeckt, was grundsätzlich zu einem steuerlichen Gewinn führt.

Da Grundstücke meist sehr teuer verkauft werden, müsste man dann als Unternehmer einen hohen Steuerbetrag zahlen. Bei Grundstücken im Betriebsvermögen kann man auch nicht nach zehn Jahren steuerfrei verkaufen, wie das bei privaten Grundstücken möglich ist.

Der Paragraf 6b des Einkommensteuergesetzes soll Hindernisse für die Veräußerung von Wirtschaftsgütern abbauen, indem man eine gewinnmindernde Rücklage bilden darf. Das geht bei Wirtschaftsgütern des Anlagevermögens, die man seit sechs Jahren ununterbrochen im inländischen Betriebsvermögen gehalten hat.

Wie lässt sich das nun praktisch umsetzen: Entweder man zieht den Veräußerungsgewinns im Wirtschaftsjahr des Verkaufs von den Kosten für das neu angeschaffte Wirtschaftsgut ab, oder aber man bildet eine gewinnmindernde Rücklage und überträgt diese auf Wirtschaftsgüter, die in den folgenden vier Wirtschaftsjahren angeschafft werden. Das ist meist die wahrscheinlichere Variante, da man in der Regel, wenn man ein Grundstück verkauft, nicht sofort ein anderes hinzukauft.

Die Übertragung der Rücklage ist bei einem Verkauf von Grund und Boden auf neue Gebäude und auch auf Grund und Boden möglich. Beim Verkauf eines Gebäudes kann man die Rücklage nur auf andere neu angeschaffte Gebäude übertragen.

Bei neu errichteten Gebäuden hat man statt vier Jahren sechs Jahre Zeit, dies jedoch nur, wenn mit dem Bau spätestens vor Ende des auf die Bildung der Rücklage folgenden vierten Wirtschaftsjahres begonnen wurde.

Vorsicht: Schafft man es nicht in dieser Zeit, wird die Rücklage gewinnerhöhend aufgelöst, Steuern müssen nachgezahlt werden und auch nochmals zusätzlich sechs Prozent Strafe für jedes volle Wirtschaftsjahr. Man sollte also diese 6b-Rücklage nur bilden, wenn man wirklich reinvestieren will.

ESPRESSO-TIPP:

Ähnlich wie beim bereits beschriebenen Investitionsabzugsbetrag werden auch die Anschaffungskosten, zum Beispiel des neuen Gebäudes, gemindert, was wiederum zu einer niedrigeren Abschreibung führt.

Da das relativ komplex ist, hier ein Beispiel:
2022: Verkauf eines Gebäudes mit 500.000 Euro Gewinn, Bildung der 6b-Rücklage in Höhe von 500.000 Euro. Keine Steuern im Jahr 2022.

2024: Kauf eines neuen Gebäudes für 1 Million Euro, Übertragung der im Jahr 2022 gebildeten 6b-Rücklage von 500.000 Euro auf das neue Gebäude.

Somit kann man in den folgenden 33 Jahren nur noch von der Bemessungsgrundlage von 500.000 Euro abschreiben und nicht von den eigentlichen Anschaffungskosten von 1 Million Euro.

Man spart also meist keine Steuern, sondern muss diese „nur" später bezahlen, hat aber die Liquidität, um weitere Investitionen zu tätigen.

6b-Rücklagen – Anteile an Kapitalgesellschaften

Verkauft man einen GmbH-Anteil in einer GmbH, ist dies (annähernd) steuerfrei (siehe die Ausführungen zu den Steuervorteilen der Holding). Verkauft man aber über sein Einzelunternehmen einen Anteil an einer GmbH, an der man sich beteiligt hat, bekommt man diesen Steuervorteil nicht eingeräumt.

Hier gibt es allerdings die Möglichkeit, über Paragraf 6b Absatz 10 des Einkommensteuergesetzes beim Anteilsverkauf keine Steuern zu zahlen, wenn der GmbH-Anteil mindestens sechs Jahre ununterbrochen zum Anlagevermögen des Betriebs gehört hat. Das gilt für Gewinne aus der Veräußerung von Anteilen an Kapitalgesellschaften bis zu einem Betrag von 500.000 Euro. Hierzu bildet man eine 6b-Rücklage und überträgt diese innerhalb der folgenden beiden Wirtschaftsjahre auf ein anderes Wirtschaftsgut. Oder in den folgenden vier Jahren bei neu errichteten Gebäuden.

Als Ersatzwirtschaftsgüter kommen in Betracht:

» Anteile an Kapitalgesellschaften (100 Prozent übertragbar)
» abnutzbare bewegliche Wirtschaftsgüter, z. B. Maschinen (bis zu 60 Prozent übertragbar)
» Gebäude (bis zu 60 Prozent übertragbar).

Beispiel: Ein Einzelunternehmer verkauft seinen seit gut sechs Jahren im Anlagevermögen gehaltenen GmbH-Anteil mit 500.000 Euro Gewinn, um eine Maschine für 1 Million Euro anzuschaffen. Übertragbare stille Reserven des GmbH-Anteils: 300.000 (60 Prozent von 500.000 Euro).

Die weiteren 40 Prozent der stillen Reserven, die nicht übertragen werden dürfen, bleiben aufgrund des Teileinkünfteverfahrens steuerfrei. So muss der Unternehmer trotz des Gewinns im aktuellen Jahr keine Steuern auf den Anteilsverkauf zahlen.

Vermietung über Schwesterkapitalgesellschaften

Der große Vorteil im Privatvermögen ist, dass man eine Immobilie nach Ablauf von zehn Jahren steuerfrei verkaufen kann (die Ausnahmen wurden bereits beschrieben). Der große Vorteil ist dabei, dass man nicht mit Gewerbesteuer belastet wird, wenn man eine GmbH hat, die nur Immobilien verwaltet. Heißt, die GmbH zahlt lediglich 15 Prozent Körperschaftsteuer und darauf 5,5 Prozent Soli, macht insgesamt 15,825 Prozent Steuern.

Bei einer GmbH, die nicht nur Immobilien verwaltet, sondern ganz normal gewerblich tätig ist, braucht man meist ein Bürogebäude oder ähnliche Räumlichkeiten. Wenn man für diese GmbH eine Immobilie kauft, denken viele, dass es am ehesten Sinn macht, diese auch über besagte GmbH zu kaufen.

Es kann durchaus sinnvoll sein, für den Immobilienkauf eine weitere, von dieser GmbH unabhängige GmbH zu gründen, um die Immobilie zu kaufen – und diese dann an die „Schwesterkapitalgesellschaft" zu vermieten.

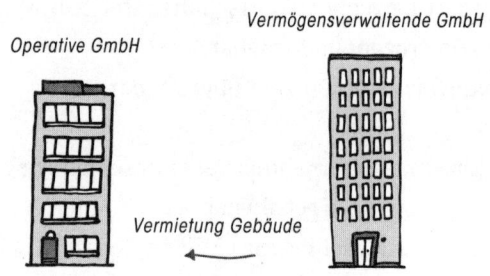

Operative GmbH

Vermögensverwaltende GmbH

Vermietung Gebäude

Doch warum macht man so etwas?

Während die operative GmbH etwa 30 Prozent Steuern zahlt (Körperschaftsteuer, Soli plus Gewerbesteuer) und somit für jede 1.000 Euro an Mietausgabe etwa 300 Euro Steuern zahlt, muss die vermögensverwaltende GmbH diese Einkünfte nur mit 15,825 Prozent versteuern. Man spart sich also auf der einen Seite etwa 30 Prozent Steuern und muss auf der anderen Seite nur mit knapp 16 Prozent versteuern.[144]

In einer Holding wiederum könnte man auf die Idee kommen, mit der Holding-GmbH die Immobilie zu kaufen und an die Tochter-GmbH zu vermieten, an der die Holding-GmbH zu 100 Prozent beteiligt ist. Somit bräuchte man keine neue vermögensverwaltende GmbH zu gründen.

Das sollte man jedoch nicht machen, da man dann eine sogenannte kapitalistische Betriebsaufspaltung auslöst. Liegt diese vor, muss auch die Holding-Gesellschaft Gewerbesteuer auf die Mieteinnahmen zahlen, sodass es keinen Steuervorteil gibt. Was eine Betriebsaufspaltung ist und warum man sie vermeiden sollte, wird im nächsten Kapitel erläutert.

Betriebsaufspaltung vermeiden

Vor einer (ungewollten) Betriebsaufspaltung haben viele Unternehmer Angst. Die Rechtsfolgen einer Betriebsaufspaltung bestehen unter anderem darin, dass die vermietende oder verpachtende, also vermögensverwaltende – nicht gewerbliche – Tätigkeit des Besitzunternehmens in eine gewerbliche Tätigkeit umqualifiziert wird und somit auch der Gewerbesteuer unterliegt. Daher muss man beispielsweise auf die reine Immobilienverwaltung Gewerbesteuer zahlen. Außerdem kann man ein Grundstück dann nicht mehr nach 10 Jahren steuerfrei aus dem Privatvermögen verkaufen.

Interessant ist, dass die Betriebsaufspaltung nicht gesetzlich geregelt ist. Es handelt sich um ein von der Rechtsprechung entwickeltes und in jahrzehntelanger Praxis anerkanntes Rechtsinstitut. Vielen ist die Gefahr einer Betriebsaufspaltung deshalb gar nicht bewusst, bis sie vom Finanzamt erkannt wird und dann zu Steuernachzahlungen führt.

Voraussetzung für diese Umqualifizierung in gewerbliche Einkünfte ist, dass in beiden Unternehmen ein „einheitlicher geschäftlicher Betätigungswille" entfaltet wird. Dieser setzt die sachliche und personelle Verflechtung zwischen dem vermietenden Unternehmen (= Besitzunternehmen) und der gewerblichen Betriebsgesellschaft voraus. Doch was bedeutet das?

Nehmen wir an, Fabi ist mit 60 Prozent und Philipp mit 40 Prozent an einer GmbH beteiligt. Fabi vermietet sein bisher an ein fremdes Unternehmen vermietetes Bürogebäude ab 1.1.2022 an die GmbH:

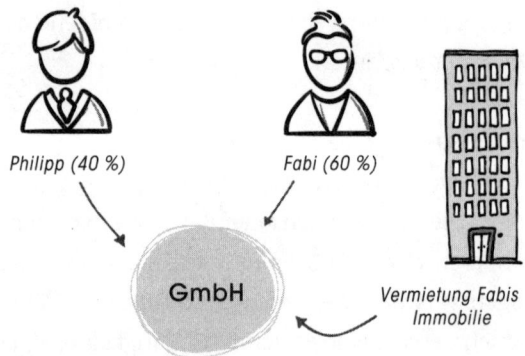

Dadurch, dass Fabi das Bürogebäude als wesentliche Betriebsgrundlage (sachliche Verflechtung) an die durch ihn beherrschte GmbH (da > 50 Prozent Anteile auch eine personelle Verflechtung sind) vermietet, passiert u. a. Folgendes:

» Gebäude (auch Arbeitszimmer) wird Betriebsvermögen,
» GmbH-Anteile, die im Privatvermögen sind, werden auch Betriebsvermögen,
» Einkünfte unterliegen der Gewerbesteuer,
» kein steuerfreier Verkauf der Immobilie mehr im Privatvermögen möglich.

Die Entstehung einer Betriebsaufspaltung wird vielleicht gar nicht bemerkt, dafür aber das teure Ende einer Betriebsaufspaltung wie etwa durch Änderung der Beteiligungsverhältnisse: Wenn Fabi beispielsweise nicht mehr zu 60 Prozent beteiligt ist, sondern nur noch zu 40 Prozent.

Dies ist dann nämlich, obwohl der eigentliche Betrieb weitergeführt wird, regelmäßig als Betriebsaufgabe zu werten mit der Folge, dass die Wertsteigerungen zu versteuern sind.

Ist das nicht verrückt? Ja. Muss man das erkennen? Nein. Sollte man das erkennen? Ja!

 **ESPRESSO-TIPP:**

Was man sich als Unternehmer merken muss: Wenn man als beherrschender Gesellschafter wesentliche Betriebsgrundlagen wie Immobilien an das eigene Unternehmen vermietet, sollte man zuvor mit einem Steuerberater sprechen.

GmbH & atypisch Still

Normalerweise hat man bei einer GmbH keinen Freibetrag, bevor man auf die Gewinne Gewerbesteuer zahlen muss. Bei den Personengesellschaften gibt es jedoch einen Freibetrag von 24.500 Euro – das bringt einem mit einer GmbH aber erst mal nichts.[145] Es sei denn, ein weiterer Gesellschafter (zum Beispiel ein guter Freund) beteiligt sich an der GmbH als atypisch stiller Gesellschafter. Man könnte sich auch selbst als atypisch stiller Gesellschafter an seiner GmbH beteiligen, aber das hat den Nachteil, dass dann auch Gehaltszahlungen der Gewerbesteuer unterliegen und die GmbH im Betriebsvermögen erfasst werden muss. Es sollte also möglichst eine weitere Person als atypisch stiller Gesellschafter gewählt werden.

Man sollte allerdings nur eine Vertrauensperson als atypisch still Beteiligten aufnehmen, denn der Kapitalgeber ist direkt am Gewinn und an der Wertsteigerung des Unternehmens beteiligt. Man sollte zudem auch qua Vertrag, der am besten zielgenau von einem Anwalt aufgesetzt wird, die jeweiligen Pflichten abklären.

Doch was kann man damit nun an Steuern sparen?

Das kommt auf den Gewerbesteuerhebesatz der Gemeinde an, in der die GmbH ihren Sitz hat.

Machen wir ein Beispiel:
» GmbH mit atypisch stiller Beteiligung in München (Gewerbesteuerhebesatz von 490 Prozent)
» Gewerbesteuermesszahl (3,5) × Hebesatz (4,9)
» = 17,15 Prozent Gewerbesteuer
» Ersparnis = 17,15 Prozent von 24.500 Euro = 4.201,75 Euro.

Somit spart man sich jedes Jahr mit diesem kleinen Kniff gut 4.000 Euro an Steuern. Pro Jahr.

 ESPRESSO-TIPP:
Man sollte sich vorher einen Kostenvoranschlag von seinem Steuerberater einholen, da für die atypisch stille Gesellschaft weitere Steuererklärungen abgegeben werden müssen. Die Steuerersparnis sollte nicht durch eine weitere hohe Steuerberaterrechnung aufgezehrt werden.

Unternehmensverkauf erst ab 55

Es kann sich lohnen, sein Unternehmen, das Einzelunternehmen oder einen Anteil einer Personengesellschaft, erst zu verkaufen, wenn man 55 Jahre alt ist. Denn es gibt einen Freibetrag von 45.000 Euro, wenn man das 55. Lebensjahr vollendet hat (oder dauernd berufsunfähig ist); dieser wird jedoch über 136.000 Euro Veräußerungsgewinn wieder abgeschmolzen, das heißt, ab 181.000 Euro hat man keinen Freibetrag mehr, der sich auswirkt.[146]

Was sich indes enorm auswirken kann, ist ein ermäßigter Steuersatz. Diese außerordentlichen Einkünfte des Unternehmensverkaufs, zumindest, wenn sie den Betrag von insgesamt 5 Millionen Euro nicht übersteigen, unterliegen dann nur 56 Prozent des durchschnittlichen Steuersatzes, der sich ergäbe, wenn die tarifliche Einkommensteuer nach dem gesamten zu versteuernden Einkommen zuzüglich der dem Progressionsvorbehalt unterliegenden Einkünfte zu bemessen wäre.

Der Mindeststeuersatz auf diese Einkünfte beträgt aber immer noch mindestens 14 Prozent. Es kann somit sein, dass man sich fast die Hälfte an Steuern spart! Hierzu muss man aber, wie gesagt, das 55. Lebensjahr vollendet haben oder im sozialversicherungsrechtlichen Sinne dauernd berufsunfähig sein.[147]

| IMMOBILIEN

Neben den bereits vorgestellten Steueroptimierungen bei Immobilien gibt es hier auch ein paar spezielle Tipps & Tricks, die nachfolgend vorgestellt werden sollen.

Energetische Maßnahmen Eigenheim

Wie wir bereits gesehen haben, kann man, wenn man in der eigenen Immobilie wohnt, (fast) nichts von der Steuer absetzen. Eine Ausnahme bilden energetische Maßnahmen an Gebäuden, die schon älter als zehn Jahre sind. Energetische Maßnahmen an selbst genutzten eigenen Wohngebäuden sind:

» Wärmedämmung von Wänden, Dachflächen und Geschossdecken
» Erneuerung von Fenstern, Außentüren und Heizungsanlagen
» Optimierungen bestehender Heizungsanlagen, die älter als zwei Jahre sind
» Erneuerung/Einbau einer Lüftungsanlage
» Der Einbau von digitalen Systemen zur energetischen Betriebs- und Verbrauchsoptimierung.[148]

Der Baubeginn darf nicht vor dem 01.01.2020 gewesen sein.

Die entsprechenden Maßnahmen müssen von einem anerkannten Fachunternehmen durchgeführt werden, die deutschsprachige Rechnung muss überwiesen werden. Sprich: Wie bei normalen Handwerkerleistungen darf man nicht bar bezahlen.

Die Anforderungen dafür, dass man trotz der Eigennutzung des Gebäudes diese Maßnahmen absetzen darf, sind allerdings strenger als bei normalen Handwerkerleistungen. Man benötigt eine Bescheinigung des Fachunternehmens über die Baumaßnahmen nach amtlich vorgeschriebenem Muster.

(Vorlage: *www.bundesfinanzministerium.de*, BMF-Schreiben v. 15.10.2021. Für energetische Maßnahmen, mit denen nach dem 31. Dezember 2020 begonnen wurde, ersetzt dieses Schreiben das BMF-Schreiben vom 31.03.2020).

Dafür sind 20 Prozent der Aufwendungen (maximal 40.000 Euro pro Wohnobjekt), verteilt über drei Jahre, steuerlich abzugsfähig.

Abschluss der Baumaßnahme:
» **7 Prozent (max. 14.000 Euro)**
   1. Folgejahr: 7 Prozent (max. 14.000 Euro)
   2. Folgejahr: 6 Prozent (max. 12.000 Euro)

Die Förderung der Kosten für den Energieberater erfolgt eigenständig neben der Förderung für die einzelnen Energiemaßnahmen mit 50 Prozent im Zahlungsjahr (keine Verteilung auf drei Jahre). Die 50-prozentige Förderung ist auf den Gesamtförderhöchstbetrag von 40.000 € anzurechnen. Ein KfW-Zuschuss schließt die Förderung der Kosten für den Energieberater aus.

Im Gegensatz zu den Handwerkerleistungen, bei denen nur maximal 1.200 Euro an Steuerermäßigung möglich sind, handelt es sich bei den bescheinigten energetischen Maßnahmen mit maximal

40.000 Euro um weit höhere Beträge. Wichtig hierbei: Auch Materialkosten dürfen berücksichtigt werden, was bei normalen Handwerkerleistungen nicht geht.

Fotovoltaikanlage erst ab 10 kW

Das Bundesfinanzministerium hat die Einkommensteuerpflicht für Fotovoltaikanlage bis zehn Kilowatt abgeschafft. Und auch für Blockheizkraftwerke bis 2,5 Kilowatt.

Dies gilt für Anlagen die auf zu eigenen Wohnzwecken genutzten oder unentgeltlich überlassenen Ein- und Zweifamilienhausgrundstücken, einschließlich Außenanlagen (z. B. Garagen), installiert sind und nach dem 31. Dezember 2003 in Betrieb genommen wurden oder bereits länger als 20 Jahre bestehen.

Ein schriftlicher formloser Antrag beim Finanzamt reicht hierfür aus. Und es geht auch rückwirkend für noch offene Veranlagungszeiträume, zum Beispiel für 2021.

Einnahmen aus dem Verkauf des Stroms, zum Beispiel aus der EEG-Einspeisevergütung, müssen dann in der Einkommensteuererklärung nicht mehr angegeben werden. Es handelt sich dabei um ein Wahlrecht. Wer beispielsweise durch Abschreibungsmöglichkeiten Steuervorteile nutzen will, muss den Antrag nicht stellen. Meist ist es aber einfacher und auch wirtschaftlich sinnvoller, diese Einkünfte nicht anzugeben. Ich habe dem Bundesfinanzminister in einem Livestream am 19.07.2022 mitgegeben, dass man diese Grenze erhöhen soll. Aktuell wird dies geprüft.

Vermietete Immobilie verkaufen statt verschenken

Wenn Eltern eine vermietete Immobilie besitzen und diese an die Kinder weitergeben möchten, denken viele zuerst an eine Schenkung. Hier sind pro Elternteil und Kind als Schenkung alle 10 Jahre 400.000 Euro steuerfrei.[149] Man kann aber auch den Eltern (oder dem Ehegatten) die vermietete Immobilie abkaufen. Das hat den Vorteil, dass es wieder eine (höhere) Abschreibung auf das Gebäude gibt, da die Abschreibung in Bezug auf die Anschaffungskosten des Gebäudes berechnet wird. Somit sinken die zu versteuernden Mieteinkünfte, und man muss weniger Steuern zahlen.

Zwischen Ehegatten und in gerader Linie (Eltern an ihre Kinder) fällt keine Grunderwerbsteuer an. Das ist also kein Hinderungsgrund für den Verkauf.[150]

Man sollte aber vermeiden, Geld zu schenken, das dann unmittelbar für den Kauf der Immobilie genutzt wird. Es sollte schon eine ausreichend bemessene „Schamfrist" zwischen der Schenkung und dem Immobilienkauf eingehalten werden.

Vermietete Immobilien können auch erst nach 10 Jahren Vermietung steuerfrei verkauft werden, das sollte man bedenken, wenn man zum Beispiel bereits nach 9 Jahren verkaufen möchte.

Vor solchen Gestaltungen mit Immobilien sollte man sich von einem Steuerberater beraten lassen.

Denkmalgeschützte Gebäude

Darf man Herstellungskosten eines Gebäudes nur über Jahrzehnte (im Regelfall 50 Jahre) absetzen, können Herstellungskosten für Baumaßnahmen zur Erhaltung des Gebäudes als Baudenkmal oder zu seiner sinnvollen Nutzung um einiges schneller von der Steuer abgesetzt werden:

Im Herstellungsjahr und den nächsten 7 Jahren: bis zu 9 Prozent der Herstellungskosten, die folgenden 4 Jahre: bis zu 7 Prozent der Herstellungskosten.

Das bedeutet, dass man die Aufwendungen zur Sanierung eines denkmalgeschützten Gebäudes sehr schnell, nämlich über zwölf Jahre, vollständig von der Steuer absetzen kann.[151]

Der eigentliche Kaufpreis eines Baudenkmals ist aber nicht begünstigt, es sei denn, er enthält Entgeltanteile für Maßnahmen, die zum Zeitpunkt des Vertragsabschlusses noch nicht durchgeführt sind. Bei einem Wiederaufbau oder der völligen Neuerrichtung eines Gebäudes gilt der Vorteil nicht mehr, weil es ja gerade um die Erhaltung des bestehenden Denkmals geht.

Ob ein Gebäude oder Teile eines Gebäudes (noch) unter Denkmalschutz stehen, entscheidet die zuständige Denkmalschutzbehörde. Die Regelungen sind von Bundesland zu Bundesland unterschiedlich. Vor Beginn denkmalbegünstigter Maßnahmen ist eine Bescheinigung der zuständigen Denkmalschutzbehörde einzuholen.

| SONSTIGES

Vorauszahlung Krankenversicherung

Die Beiträge für die Basiskranken- und Pflegeversicherung sind in unbegrenzter Höhe als Vorsorgeaufwendungen abzugsfähig.[152] Für sonstige Vorsorgeaufwendungen (wie Arbeitslosen-, Unfall-, Haftpflichtversicherung, private Krankenzusatzversicherungen usw.) gilt dies jedoch nicht. Das hat zur Folge, dass die sonstigen Vorsorgeaufwendungen steuerlich unberücksichtigt bleiben, wenn die Krankenversicherungsbeiträge zur Basisversicherung bereits über den Höchstbeträgen liegen.

Seit dem 1.1.2020 ist neu geregelt, dass die Beiträge zur Basiskranken- und Pflegeversicherung für künftige Jahre im Zahlungsjahr abziehbar sind, soweit sie das 3-Fache der für das Zahlungsjahr gezahlten Beiträge nicht übersteigen. So kann man durch eine Vorauszahlung von Krankenversicherungsbeiträgen für die nächsten drei Jahre diese Höchstbeträge in den kommenden Jahren wieder ausnutzen. Außerdem kann das Sinn machen, wenn man in einem Jahr besonders hohe Einkünfte hat, etwa durch eine Abfindung.

Nicht sinnvoll sind die Vorauszahlungen:

» bei gesetzlich Krankenversicherten, da der Arbeitgeber die Beiträge monatlich abführen muss. Bei Selbstständigen, die freiwillig gesetzlich Versicherte sind und nicht privat, kann die Gestaltung jedoch gewählt werden.
» wenn ein Ehepartner privat und der andere gesetzlich krankenversichert ist
» wenn bei Rentnern und Pensionären die alte Berechnungsmethode der Höchstbeträge günstiger ist.

Um diesen Effekt noch im Jahr 2022 nutzen zu können, müssen die Zahlungen an die Krankenkasse vor dem 22.12.2022 geleistet worden sein. Leider lassen nicht alle Krankenkassen eine Vorauszahlung zu.

Risikolebensversicherung über Kreuz abschließen

Durch eine Risikolebensversicherung kann im Todesfall eine Absicherung von Hinterbliebenen, z. B. dem Partner, erreicht werden, denn im Erbfall drohen unter anderem Pflichtteilszahlungen, Ausgleichszahlungen zwischen den Erben und nicht zuletzt die Belastung durch die Erbschaftsteuer, die man schon bei Abschluss einer Risikolebensversicherung bedenken sollte.[153]

Hier sollen nun vorab einige Grundbegriffe geklärt werden, um den folgenden Ausführungen besser folgen zu können:

» **Versicherte Person:** Wenn diese Person stirbt, wird der Versicherungsfall ausgelöst.
» **Versicherungsnehmer:** Diese Person hat den Lebensversicherungsvertrag abgeschlossen.
» **Bezugsberechtigter:** Diese Person erhält das Geld im Todesfall.

Im Folgenden sollen drei Beispiele beschrieben werden, um die Funktionsweise zu verdeutlichen.

Beispiel 1:
A schließt eine Lebensversicherung ab. A ist Versicherungsnehmer, versicherte Person und auch bezugsberechtigte Person. B ist gesetzlicher Erbe: Da die Versicherungssumme in den Nachlass fällt, hat B die Versicherungssumme zu versteuern.

Beispiel 2:
A schließt eine Lebensversicherung ab. A ist Versicherungsnehmer und versicherte Person. Zur bezugsberechtigten Person setzt er B ein: Die Versicherungssumme wird hier von der Versicherungsgesellschaft direkt an B gezahlt. B hat die Versicherungssumme zu versteuern.

Beispiel 3:
A schließt eine Lebensversicherung ab. A ist Versicherungsnehmer und setzt sich auch gleichzeitig als bezugsberechtigte Person ein. Als versicherte Person wird dagegen B eingesetzt: Verstirbt nun B als versicherte Person, erhält A die Versicherungssumme als Versicherungsnehmer. Da hier keine unentgeltliche Zuwendung vorliegt, kommt es zu keiner steuerlichen Belastung.

Deshalb macht es oft Sinn, Risikolebensversicherungen „über Kreuz" abzuschließen.

Bei dieser Variante schließt man als Versicherungsnehmer eine Versicherung auf das Leben des anderen ab, so vermeidet man, im Todesfall des anderen mit Erbschaftsteuer belastet zu werden.

Güterstandsschaukel

Erwirtschaftet ein Ehegatte in der Ehe mehr Vermögen als der andere Ehegatte und möchte dieses Vermögen auf den Partner übertragen, gibt es einen Freibetrag von 500.000 Euro. Manchmal möchte man mehr übertragen, beispielsweise damit man die Freibeträge für die Kinder (400.000 Euro je Ehegatte und je Kind) auch besser nutzen kann. Man kann hier durch einen notariellen Vertrag den gesetzlichen Güterstand der Zugewinngemeinschaft in eine Gütertrennung umwandeln. So kann der vermögendere Ehegatte die Hälfte des Zugewinns, der während der Ehe erzielt wurde, auf den anderen Ehegatten übertragen – und zwar: steuerfrei!

Meist wird durch einen weiteren notariellen Ehevertrag die Gütertrennung wieder beendet und zum gesetzlichen Güterstand der Zugewinngemeinschaft zurückgekehrt. So kann die sogenannte Güterstandsschaukel zur steuerfreien Vermögensübertragung legal mehrfach genutzt werden.[154]

Haushaltshilfe nicht „schwarz" anstellen

Man kann eine Person als Haushaltshilfe mit dem Haushaltsscheck-Verfahren bei der Minijob-Zentrale anmelden und so jährlich 20 Prozent der entstandenen Kosten – maximal 510 Euro pro Jahr – von der Steuerschuld abziehen.[155]

So hat man beispielsweise bei einer Person, die die Wohnung reinigt und 520 Euro im Monat bekommt, eine Zusatzbelastung durch Steuern und Abgaben von monatlich nur etwa 35 Euro.

Ein weiterer Vorteil ist, dass bei Minijobs in Privathaushalten die Minijob-Zentrale die Anmeldung zur gesetzlichen Unfallversicherung übernimmt. Es ist ausgeschlossen, dass man als Arbeitgeber im Falle eines Unfalls der Haushaltshilfe für die Kosten des Unfallversicherungsträgers aufkommen muss.

Auch der Minijobber hat Vorteile:
Wenn der Arbeitgeber die Pauschalsteuer übernommen hat, muss der Minijobber keine Steuern zahlen.[156]

Weitere Vorteile bei Anmeldung für den Minijobber:

» Anspruch auf bezahlten Urlaub und Entgeltfortzahlung
  im Krankheitsfall
» Rentenansprüche
» und eben die Leistungen in der Unfallversicherung.

Berufsschule: Verpflegungsmehraufwendungen und Fahrtkostenerstattung

Meist ist der Standort des Betriebs im Rahmen einer dualen Ausbildung als erste Tätigkeitsstätte festgehalten. Damit darf man bei
Fahrten zur Berufsschule den Hin- und Rückweg von der Steuer
absetzen. Und nicht nur den Hinweg. Ist man während der Berufs-
schulzeit länger als acht Stunden von erster Tätigkeitsstätte und
Wohnung weg, kann man 14 Euro pro Tag Verpflegungsmehraufwendungen absetzen.

Lukrativer für den Auszubildenden ist es, wenn der Arbeitgeber
diese Fahrtkosten und auch die Verpflegungsmehraufwendungen
erstattet. Somit kann der Auszubildende einige Hundert Euro im
Monat mehr erhalten, ohne dass für ihn Lohnsteuer fällig wird.
Außerdem spart sich der Arbeitgeber Sozialversicherungsbeiträge
im Gegensatz zu einer regulären Gehaltserhöhung.[157]

Kinderbetreuung: Fahrtkosten

Passen Familienangehörige, z. B. die Großeltern, auf die Kinder auf,
können die Eltern die Fahrtkosten mit 30 Cent/Kilometer zur Kinderbetreuung erstatten. Das führt, z. B. bei den Großeltern, nicht
zu steuerpflichtigen Einkünften. Trotzdem können die Eltern die
Kosten in ihrer Steuererklärung absetzen. Dazu muss aber ein Be-
treuungsvertrag aufgesetzt werden, sodass ein ernst gemeintes,
gegenseitig berechtigendes und verpflichtendes Schuldverhältnis

in Abgrenzung zu Betreuungsleistungen auf familiärer Basis oder aus Gefälligkeit vorliegt.

Es muss dann eine Rechnung an die Eltern gestellt werden.

Die Rechnung bzw. Fahrtkostenaufstellung muss neben dem Betrag folgende Angaben enthalten:

» Ausstellungszeitpunkt der Aufstellung
» Auflistung der durchgeführten Fahrten mit Datum
» Angaben zum Aussteller (z. B. Großeltern mit Adresse)
» Angaben zum Rechnungsempfänger (Eltern mit Adresse).

Außerdem müssen folgende Voraussetzungen erfüllt sein, damit das funktioniert:

» Das Kind muss zum Haushalt des Steuerpflichtigen gehören.
» Das Kind darf das 14. Lebensjahr noch nicht vollendet haben.
» Die Rechnungen dürfen nicht bar bezahlt werden (also Überweisung).

Dann können die Eltern zwei Drittel der Betreuungsaufwendungen, maximal 4.000 Euro pro Kind und Kalenderjahr, als Sonderausgaben von der Steuer absetzen.[158]

Heirat am Jahresende

Dass man in Deutschland nicht nur aus Liebe, sondern auch aus steuerlichen Gründen heiratet, sehe ich oft an Fragen aus meiner Community.

Bevor ich hier im Buch darauf eingehe, möchte ich aber erst einmal darauf aufmerksam machen, dass man die Prozesskosten einer Scheidung nicht als außergewöhnliche Belastungen von der Steuer absetzen kann.

Wenn beide Ehepartner gleich viel verdienen, macht eine Heirat allein aus einkommensteuerlichen Gründen weniger Sinn.

Wenn man jedoch unterschiedlich viel verdient, kann eine Hochzeit, zumindest aus steuerlichen Gründen, Sinn machen.

Beispiel:

Die Frau hat im Jahr 2022 ein zu versteuerndes Einkommen von 50.000 Euro. Der Mann von 0 Euro.

Das Paar spart sich durch eine Hochzeit bis zum 31.12.2022 im Jahr 2022 noch rückwirkend über die Steuererklärung 2022 4.830 Euro Einkommensteuer.

Insbesondere hier gilt aber der Spruch: Nicht nur über Steuern steuern!

SCHLUSSWORT

M ein Anliegen ist es, Steuern verständlich zu erklären. Das ist zum Teil ein sehr komplexes Thema, und ich hoffe, ich habe es mit diesem Buch geschafft, etwas Licht in den Steuerdschungel zu bringen.

Man kann in einem Buch über Steuern nicht alles abhandeln. Die Steuergesetze, Steuerrichtlinien und Steuererlasse sind bereits so umfangreich und kompliziert, dass sie mehrere Bücher füllen. Und das schon ohne jegliche Kommentierung, die zum Verständnis oft notwendig ist.

Vieles, was die eigenen Steuerangelegenheiten betrifft, kann man, auch mithilfe dieses Buches, allein erledigen. Dennoch gibt es Fälle, zum Beispiel bei der Vermietung von mehreren Immobilien oder dem Betrieb einer Kapitalgesellschaft, in denen es definitiv sinnvoll ist, einen Steuerberater oder eine Steuerberaterin zurate zu ziehen. Um auch tagesaktuell informiert zu sein, folgt gern meinem Kanal „steuerfabi" in den sozialen Medien, zum Beispiel bei Instagram oder TikTok.

Ich setze mich dafür ein, dass mehr finanzielle Bildung in die Schulen kommt. Denn ich glaube, dass man nur mit einem Grundverständnis der Finanzen auch sinnvolle Entscheidungen treffen kann.

Am Schluss möchte ich noch ein paar Sätze über meinen Espresso verlieren. Warum trinke ich in jedem meiner Social-Media-Videos einen Espresso?

Angefangen hat das, als mein Kumpel Philipp zu mir meinte, ich solle auf TikTok eine Social-Media-Karriere starten. Da ich leidenschaftlicher Espresso-Trinker bin und nicht daran geglaubt habe, dass Steuern auf TikTok überhaupt jemanden interessieren würden, habe ich sehr spontan mit – eben einem Espresso in der Hand – ein Video aufgenommen.

Da ich den Espresso nicht wegstellen wollte, habe ich das Thema „Kann man seinen Kaffee von der Steuer absetzen?" gewählt und die Lohnsteuer-Richtlinie 19.6 vorgestellt, die vorgibt, dass Arbeitgeber Kaffee kaufen und ihren Mitarbeitern im Betrieb lohnsteuerfrei als Aufmerksamkeit zur Verfügung stellen können.

Und auch wenn ich seitdem noch Hunderte von Videos unabhängig von Kaffeethemen veröffentlicht habe, trinke ich einfach trotzdem immer noch sehr gern Espresso. Am liebsten natürlich meinen eigenen aus der Siebträgermaschine.

Euer Fabi

GLOSSAR

Abschreibung: Absetzung für Abnutzung, das heißt, die Abnutzung wird entsprechend der Nutzungsdauer eines Gegenstandes auf einen gewissen Zeitraum verteilt. Was bedeutet, dass man den Kaufbetrag der beispielsweise teuren Maschine nicht sofort im selben Jahr voll von der Steuer absetzen kann.

Arbeitnehmersparzulage: Eine Unterstützung vom Staat, die dem Arbeitnehmer helfen soll, Vermögen aufzubauen.

Außergewöhnliche Belastungen (agB): Gewisse agBs können bei der Einkommensteuererklärung in einer gesonderten Anlage geltend gemacht werden, beispielsweise Krankheitskosten, Beerdigungskosten, Pflegekosten usw.

Beitragsbemessungsgrenze: Bis zu dieser Grenze werden beitragspflichtige Einnahmen zur Berechnung der gesetzlichen Sozialversicherungen herangezogen.

Einkommensteuer: Das Einkommen natürlicher Personen wird durch diese Gemeinschaftssteuer besteuert. Ein (jährlich leicht steigender) Grundfreibetrag bleibt hierbei steuerfrei, das sind für 2022 10.347 Euro für Ledige.

Einkünfte: Einnahmen abzüglich Ausgaben.

Einnahmenüberschussrechnung (EÜR): Die Gewinnermittlungsart von Unternehmen, sofern sie nicht buchführungspflichtig sind. Betriebseinnahmen werden den Betriebsausgaben gegenübergestellt und daraus schließlich der Gewinn/Verlust ermittelt.

Einspruch(sfrist): Einspruch nennt man den Rechtsbehelf, wenn man mit einem Steuerbescheid nicht einverstanden ist und eine entsprechende Änderung wünscht. Der Einspruch muss fristgerecht (beispielsweise über Elster) erhoben und begründet werden. Die Frist beträgt einen Monat nach Bekanntgabe des Steuerbescheides. Zur Bestimmung des Zeitpunkts der Bekanntgabe gibt es verschiedene gesetzliche Regelungen, aber grundsätzlich sollte man sich am Datum des Bescheides orientieren und wenn es eng zu werden scheint, die konkreten Gesetzesvorschriften zu Rate ziehen. Bevor man einen Einspruch einlegt, kann man zunächst versuchen, die Problematik telefonisch oder schriftlich mit dem Finanzamt zu klären (einfacher Änderungsantrag).

Elster: Gemeinsames Portal aller Länder und des Bundes zur digitalen Kommunikation verschiedener steuerlicher Belange. So können Steuererklärungen, Anträge und einfache Nachrichten von Bürgern und Unternehmen sowie Einsprüche etc. an die Finanzverwaltung per Elster übermittelt werden. Für gewisse Belange ist eine elektronische Übermittlung inzwischen grundsätzlich obligatorisch, zum Beispiel für die Einkommensteuererklärung. Man ist aber nicht zwingend an Elster gebunden, sondern kann sich auch anderer Software/Apps bedienen.

Elterngeld: Eine Sozialleistung des Staates, um nach der Geburt eines Kindes fehlendes Einkommen auszugleichen.

Erstausbildung: Die erste Ausbildung (Berufsausbildung oder Studium), welche nach dem Schulabschluss folgt und abgeschlossen wird. Kosten bis zu 6.000 Euro jährlich können hierfür als Sonderausgaben im Rahmen der Einkommensteuererklärung in Ansatz gebracht werden, aber nicht als Werbungskosten. Die Kosten von Ausbildungen, die nicht unter den Begriff der Erstausbildung fallen, können hingegen als Werbungskosten unbegrenzt geltend gemacht werden.

eTIN: Eine elektronische Identifikationsnummer zur digitalen Übermittlung der Steuerdaten an das Finanzamt (elektronische Transfer-Identifikations-Nummer).

Freibetrag: Bestimmte Einnahmen bleiben bis zu einer gewissen Grenze (Freibetrag) steuerfrei.

Freigrenze: Bestimmte Einnahmen bleiben bis zu einer gewissen Grenze steuerfrei, aber nur, wenn die gesamten Einnahmen eine gewisse Grenze (Freigrenze) nicht überschreiten.

Freistellungsauftrag: Der Freibetrag bei der Kapitalertragsteuer (801 Euro) kann durch den Freistellungsauftrag gegenüber einer Bank automatisch berücksichtigt werden, sodass die Abgeltungsteuer von Kapitalerträgen nicht einbehalten wird.

Gewerbesteuer: Auf Grundlage des Gewinns eines Gewerbebetriebes wird diese Steuer durch die jeweiligen Gemeinden erhoben und stellt deren wichtigste Einnahmequelle dar.

Grenzsteuersatz: Der Grenzsteuersatz ist derjenige Prozentsatz, mit welchem der nächste über das Einkommen hinausgehende Euro besteuert wird.

Günstigerprüfung: Sofern der Steuerpflichtige ein Wahlrecht hat (zum Beispiel Anwendung des persönlichen oder des Abgeltungsteuersatzes im Rahmen von Kapitalerträgen), kann man eine Prüfung der günstigeren Lösung durch die Finanzverwaltung beantragen.

Haushaltsnahe Aufwendungen/Handwerkerleistungen im Haushalt: Zur Verhinderung von Schwarzarbeit gibt es für diese Angelegenheiten Steuervergünstigungen.

Homeoffice-Pauschale: Eine im Rahmen der Corona-Pandemie eingeführte Pauschale, um Kosten der Wohnung im Zusammenhang mit der beruflichen Tätigkeit geltend zu machen, auch wenn es kein Arbeitszimmer gibt. In Ansatz gebracht werden kann aber nur die Pauschale, nicht die tatsächlichen Kosten (max. für 120 Tage à 5 Euro). In der Regel fordert das Finanzamt einen Nachweis (z. B. durch Arbeitgeberbescheinigung).

Kapitalertragsteuer: Besteuert werden hier Erträge aus Geldanlagen wie Aktien, ETFs, Zinsen.

Kleinunternehmer-Regelung: Hierbei handelt es sich um ein Begriff aus dem Umsatzsteuerrecht, nicht aus dem Einkommensteuergesetz. Wenn gewisse Umsatzgrenzen eingehalten werden (max. 22.000 Euro im vorigen und voraus. nicht mehr als 50.000 Euro im aktuellen Wirtschaftsjahr), braucht ein Unternehmer, sofern er von der Kleinunternehmerregelung Gebrauch macht, keine Umsatzsteuer auf seine Leistungen ausweisen und abführen.

Körperschaftsteuer: Mit dieser Steuer werden die Einkommen juristischer Personen (von Genossenschaften, Vereinen, Stiftungen und Kapitalgesellschaften) besteuert.

Lohnsteuer: Die Lohnsteuer wird monatlich vom Bruttogehalt abgezogen und an das Finanzamt gezahlt. Bei der Abgabe von Einkommensteuererklärungen wird die gezahlte Lohnsteuer als Vorauszahlung auf die Einkommensteuer verrechnet bzw. übersteigt die gezahlte Lohnsteuer die tatsächliche Zahllast, ergibt sich hieraus eine Steuererstattung.

Lohnsteuer-Ermäßigung: Auf Antrag kann man, wenn die Voraussetzungen vorliegen, eine Ermäßigung der Lohnsteuer beantragen, zum Beispiel zur Berücksichtigung eines Kinderfreibetrages oder erhöhter Werbungskosten.

Mantelbogen: Der Hauptvordruck ESt 1 A wird auch als Mantelbogen bezeichnet, da zumeist die Steuerformulare in der Vergangenheit in Papierform auf einem in der Mitte gefalteten A3-Bogen gedruckt waren. Der äußere Bogen war dann eben der Mantelbogen, die Bezeichnung wird trotz der Digitalisierung beibehalten.

Minijob: Minijobs sind geringfügige Beschäftigungen, wobei „geringfügig" bestimmte Verdienst- oder Zeitgrenzen meint. So wird unterschieden zwischen 450-Euro-Minijobs (auf 450 Euro begrenzt, ab 01.10.2022 auf 520 Euro) und kurzfristigen Minijobs (auf bestimmte Zeit begrenzt).

Mobilitätsprämie: Zusätzlich zur Entfernungspauschale erhalten Geringverdiener im Rahmen des Klimaschutzprogrammes 2030 zum Ausgleich der höheren CO_2-Bepreisung eine Mobilitätsprämie.

Pauschbeträge (Werbungskosten-, Pflegepauschbetrag und weitere): Pauschalbeträge, die die Steuerberechnung erleichtern sollen. Ein bestimmter Teil der Einnahmen ist durch die Pauschbeträge generell steuerfrei und wird ohne Nachweise vom Finanzamt anerkannt. Sind die Ausgaben höher als der Pauschbetrag, können sie zusätzlich geltend gemacht werden.

Persönlicher Steuersatz: Der persönliche Steuersatz ist lediglich ein Durchschnittssteuersatz, da mit jedem verdienten Euro der Steuersatz progressiv ansteigt.

Progressionsvorbehalt: Die Höhe des Einkommensteuersatz steigt mit jedem einzelnen Euro des Einkommens (progressiv). Gewisse steuerfreie Einkünfte (etwa Krankengeld, Kurzarbeitergeld, Arbeitslosengeld) werden bei der Einkommensteuerveranlagung berücksichtigt, bleiben auch steuerfrei, erhöhen jedoch die auf das reguläre Einkommen zu entrichtende Steuerschuld, was man Progressionsvorbehalt nennt.

Sachbezug: Nicht-monetäre Leistungen des Arbeitgebers an einen Arbeitnehmer, z. B.: Tankgutscheine, Arbeitskleidung, Kindergartenzuschuss, Gesundheitsförderung.

Schreiben des Bundesfinanzministeriums/BMF-Schreiben: Erlasse, die Gesetzauslegungen beinhalten und bundesweite Bindungswirkung für die Finanzverwaltung enthalten. Somit sind zumindest von Seiten der Verwaltung gewisse Rechtsfragen geklärt. Steuerpflichtige und Gerichte sind allerdings nicht an diese Schreiben gebunden.

Solidaritätszuschlag (Soli): Abgabe an den Staat zur Finanzierung von verschiedenen Mehrbelastungen; unter anderem die Kosten der Deutschen Einheit.

Sonderausgaben/Vorsorgeaufwendungen: Dazu zählen Kosten, die eher zum Privatleben zählen, wie Versicherungsbeiträge, Kirchensteuer, Spenden, Mitgliedsbeiträge. Auch Kosten für Ausbildung und Studium (nur das erste) fallen darunter.

Sonstige Einkünfte: Dies sind Einkünfte, die nicht unter die „üblichen" Einkunftsarten (z. B. aus nichtselbständiger Arbeit, aus Gewerbebetrieb) fallen und somit in der Anlage SO angegeben werden müssen. Dies können beispielsweise Renten, Unterhaltsleistungen oder private Veräußerungsgeschäfte sein.

Spitzensteuersatz: Ab einem Einkommen von 58.597 Euro (2022) wird bis zum Höchststeuersatz (45 Prozent ab 277.826 Euro/sogenannte Reichensteuer) der Spitzensteuersatz von 42 Prozent auf jeden einzelnen Euro, der diese Grenze übersteigt, fällig.

Steuerklassen: Durch verschiedene Freibeträge bei der Einkommensteuer (z. B. Kinderfreibetrag) können verschiedene Lebenssituationen der Steuerzahler über die Lohnsteuerklassen unterschiedlich abgebildet werden, sodass entsprechend höhere bzw. niedrige Lohnsteuerabzüge vom Bruttolohn erfolgen.

steuerlicher Erfassungsbogen: Dieser ist bei der Neugründung eines Unternehmens erforderlich. Hierzu sollte jedoch in der Regel ein Steuerberater zu Rate gezogen werden, da sonst leicht Fehler mit ungünstigen Folgen passieren können. Insbesondere dient die steuerliche Erfassung dazu, ggf. erste Vorauszahlungen festzusetzen und umsatzsteuerliche Pflichten festzustellen.

Steuern: Geldleistungen, die kein Entgelt für eine besondere Leistung darstellen und von einem öffentlich-rechtlichen Gemeinwesen zur Erzielung von Einnahmen generell erhoben werden.

Steuernummer versus Steuer-Identifikationsnummer: Die Steuernummer hat 13 Ziffern, wird vom Finanzamt dem Steuerzahler zugeteilt und ändert sich, wenn durch einen Umzug ein anderes Finanzamt zuständig wird.

Die Steueridentifikationsnummer (Steuer-ID oder Steuer-IdNr.) hat 11 Ziffern, erhält jeder Bundesbürger automatisch bei der Geburt und bleibt ein Leben lang gleich.

Thesaurierung: Gewinne werden nicht ausgeschüttet, sondern verbleiben im Unternehmen/werden direkt reinvestiert.

Umsatzsteuer: Es werden Entgelte für Leistungen besteuert (Verkehrsteuer), wobei der Leistende die Steuer schuldet, diese in der Regel aber an den Endkonsumenten/Abnehmer weitgibt (indirekte Steuer). Der Supermarktinhaber schuldet also 19 % USt auf das gekaufte Kaltgetränk, der Käufer zahlt dies aber über den Verkaufspreis.

Umsatzsteuer versus Mehrwertsteuer: Beide Begriffe haben dieselbe Bedeutung, wobei der steuerrechtlich korrekte Begriff Umsatzsteuer ist. Umgangssprachlich hat sich Mehrwertsteuer etabliert, weil die MwSt. auf Belegen und Kassenbons ausgezeichnet ist.

Umsatzsteuer-Identifikationsnummer: Diese Identifikationsnummer dient dem umsatzsteuerlichen Wirtschaftsverkehr innerhalb der EU und kann von Unternehmen zur eindeutigen Zuordnung beantragt werden.

Verlustvortrag/Verlustrücktrag: Wenn die Ausgaben höher sind als die Einnahmen, entsteht ein steuerlicher Verlust. Dieser kann im Folgejahr oder mit positiven Einkünften aus dem vergangenen Jahr verrechnet werden. Solange ein Verlust nicht vollständig mit positiven Einkünften verrechnet werden kann, wird dieser bzw. der übrigbleibende Teil in die Folgejahre übernommen.

Verpflegungsmehraufwendungen: Dies sind Kosten, die bei Arbeitnehmern oder Unternehmern anfallen, wenn sie beruflich bedingt länger nicht zu Hause sind (zum Beispiel durch Dienstreisen, doppelte Haushaltsführung).

Vorausgefüllte Steuererklärung: Dies ist ein Service der Finanzverwaltung innerhalb des Elster-Portals. Die der Finanzverwaltung bereits bekannten Daten werden bereits an die richtigen Stellen in den Steuerformularen eingetragen.

Werbungskosten: Ausgaben zur Erwerbung, Sicherung und Erhaltung der Einnahmen, also alle Ausgaben, die in Verbindung mit z. B. einer Tätigkeit als Angestellter anfallen und nicht erstattet werden (wie Fahrtkosten, Fortbildung, Fachbücher).

Werbungskostenpauschale: Der bekannteste Pauschbetrag: Arbeitnehmer erhalten vom Gesetz her eine Pauschale für Werbungskosten (1.200 Euro), welcher ohne Antrag oder Nachweis automatisch verrechnet wird (bei der Einkommensteuerveranlagung, aber auch schon bei der Berechnung der abzuführenden Lohnsteuer).

Zu- und Abflussprinzip: Sofern keine Bilanzierung erfolgt, sind Einnahmen und Ausgaben grundsätzlich in dem Veranlagungszeitraum/Wirtschaftsjahr anzugeben, in welchem sie zu- beziehungsweise abgeflossen sind. Wird beispielsweise ein Tablet für 250 Euro, welches (zumindest teilweise) als Werbungskosten geltend gemacht werden soll, im Dezember 2022 gekauft und BEZAHLT, aber erst im Januar 2023 geliefert, so ist der Kaufpreis in 2022 abgeflossen und geltend zu machen.

Zusammenveranlagung: Ehe- und Lebenspartner können auf Antrag bei der Einkommensteuer zusammen veranlagt werden, um steuerliche Vorteile des Ehegattensplitting in Anspruch zu nehmen.

 QUELLENVERZEICHNIS:

Um zu den Quellenangaben zu gelangen, scannen Sie bitte den QR-Code:

REGISTER

A

Abgeltungsteuer 33, 65

Aktien 35, 109 f., 147 ff.

Alleinerziehend 20, 23, 69

Anlage

 Außergewöhnliche Belastungen 13, 59 ff., 68, 93, 208

 AV 63 f., 180

 AVEÜR 180

 EÜR 176 ff., 180f.

 G 83 f., 176 f.

 Haushaltsnahe Aufwendungen 64

 KAP 36, 65 ff., 148

 Kind 56, 61, 67 ff.

 Mobilitätsprämie 36

 N 38, 58 f., 62, 70 f., 73, 78, 82, 177

 S 94

 SO (sonstige Einkünfte) 82 f., 94, 149 f.

 Sonderausgaben 83 f.

 V 134 ff.

 Vorsorgeaufwand 85, 87

Arbeitgeberanteil 25 f., 28, 107 f.

Arbeitnehmer-Sparzulage 35, 58

Arbeitslos 22, 25 f., 28, 32, 52 f., 59, 87, 203

Arbeitsmittel 53, 77 f., 80, 92

Arbeitsweg 36, 53, 61 f., 73, 77, 81, 92, 112 f., 116

Atypisch Still 197 f.

Ausbildung 14, 35 ff., 67 f., 81, 84, 93, 148, 207

B

Beamte 27

Behinderung 32, 59 ff., 67, 93, 120

Beitragsbemessungsgrenze 26

Belege 41, 59, 169, 179

Betriebliche Altersvorsorge 107

Betriebsaufspaltung 195 f.

Betriebsveranstaltung 106

Betriebsvermögen 145, 172 f.,
191, 196

Bewerbungskosten 53

Bewirtungsaufwendung 168

D

Denkmalgeschützt 202

Dienstreise 53, 92, 125, 171

E

E-Bike 112 f.

Ehe 20 ff., 33, 57 f., 92, 108 f., 124, 140
f., 201 f., 204 ff., 209

Ehrenamt 95 f.

Einkommensteuer 15, 22, 27, 159, 209

Einnahmenüberschussrechnung
165, 177 f.

Einspruchsfrist 46

Elektroauto 115 f.

Elster 42, 45, 49 ff., 54, 56, 58, 91,
134, 164 f., 176, 182, 185

Elterngeld 22 ff., 32, 52 f., 59

Entfernungspauschale 36, 71,
73, 82, 116 f.

Entgeltersatzleistungen 71 f.

Erste Tätigkeitsstätte 37, 73, 76,
81, 207

Erbschaft 141 f., 144, 146, 204

Erholungsbeihilfe 108 f.

Essensmarken 110

ETF 147 ff.

eTIN 71 f.

F

Fahrrad 111 f.

Fahrtenbuch 114 f., 172

Fahrtkosten 36, 81, 92, 96, 116 f., 125,
132, 137, 207 f.

Feiertagszuschlag 97, 126

Finanzamt 22, 31, 33, 40 ff., 45 ff., 49, 51
f., 55, 57, 59, 77 f., 80, 91, 115, 129, 131 f.,
139 f., 144, 148 f., 164 f., 179, 195, 201

Firmenwagen 113 ff., 172 ff., 189

Fortbildung 53, 79, 125, 171

Fotovoltaikanlage 189, 201

Freibetrag 91 ff., 96, 106, 109 f., 141,
143 f., 149, 157, 197 f., 206

Freistellungsauftrag 66, 147 f.

G

Garagenstellplatz 113

Gehaltserhöhung 30, 99, 101,
127 f., 207

Geldwerter Vorteil 110, 121

Geschenk 105 f.

Gesundheitsförderung 118

Gewerbe 41, 43

Gewerbesteuer 156 f., 176, 182,
187 f., 193 ff.

GmbH & Co. KG 161 f.

Grunderwerbsteuer 130, 132, 202

Grundfreibetrag 12, 14, 36 f., 97, 150

Grundstück 82 f., 130 ff., 136, 146,
190 f. 195, 201

Günstigerprüfung 36, 65, 148

Güterstandsschaukel 205 f.

H

Haushaltshilfe 19, 64 f., 206

Hauptvordruck 35, 39, 55, 58, 184

Haushaltsnahe Dienstleistungen 54

Häusliches Arbeitszimmer 71, 78

Heirat 20, 23, 33, 57, 108, 208 f.

Holding 16160 f., 192, 194 f.

Homeoffice 77 ff., 114

I

Immobilie 43, 95, 129 f., 132 ff., 142, 144, 161, 193 ff., 199, 202

Internet 77, 122, 123

Investitionsabzugsbetrag 188 ff., 192

K

Kapitalgesellschaften 153, 156, 161, 192 f.

Kapitalerträge 27, 33, 35, 54, 65 f., 70, 147 ff.

Kinderbetreuung 54, 69, 93, 119, 207

Kinderfreibetrag 13

Kindergeld 68

Kirchensteuer 27 f., 83, 106, 110, 147, 159

Kleinunternehmer 33, 159, 166, 183, 185

Körperschaftsteuer 15 f., 157, 161, 176, 193 f.

Krankenversicherung 14, 25 f., 28, 86 f. 203

Kryptowährungen 33, 82 f., 95, 102, 147, 149 ff.

Kurzarbeitergeld 32, 35, 59, 72

L

Lohnersatzleistungen 52

Lohnsteuer 12, 14, 20 f., 23 ff., 33, 35 f. 70, 72, 91 f., 123, 171, 207

Lohnsteuerklassen (siehe auch Steuerklassen) 20 ff., 32 f., 98 f., 141

Lohnsteuerbescheinigung 52 f.

M

Mehrwertsteuer 9, 15

Minijob 29 f., 33, 64, 96 ff., 116, 206

Mitarbeiterbeteiligung 109

Mobilitätsprämie 36 f.

N

Nachtzuschlag 97, 126

Nachzahlung 21, 24, 32, 40 f., 93, 191, 195

Nebeneinkünfte 20, 94, 99, 159, 166, 185

Nichtveranlagungs-bescheinigung 148

Nießbrauch 142 f.

Notebook 17, 53, 77, 121, 180

P

Pauschbetrag 14

PC 77, 121, 180

Personalrabatt 120

Pflege 59, 62, 145, 203

Privatrechnung 41 f.

Progressionsvorbehalt 24, 32, 59, 199

R

Rechtsform 154, 156, 162, 164, 178

Reisekosten 80, 171

Risikolebensversicherung 204 f.

6b-Rücklagen 190 ff.

Riester 52, 54, 63 f.

S

Sachbezüge 101, 102, 104, 105, 119

Säumniszuschlag 40

Schenkung 139, 140, 141, 142, 143, 144, 201, 202

Schwesterkapitalgesellschaften 193

Selbstständigkeit 152, 165, 204

Smartphone 77, 121, 122, 180

Solidaritätszuschlag 15, 18, 26, 106, 147, 149, 157, 158, 159, 161, 194

Sonderausgaben 13, 38, 83 f., 92, 208

Sonntagszuschlag 97, 126

Sozialversicherung 14, 24 ff., 64, 99, 101, 107 f., 122, 124, 126 f., 199, 207

Spitzensteuersatz 14, 30, 190

Spenden 41, 54, 83, 84

Steuer

   -belastung 14 f., 22, 70, 133, 141, 150, 156 f., 161, 205

   -berater 39 f., 42 ff., 49 f., 52, 153, 162, 164, 176, 198, 202

   -bescheid 45 f., 51, 58, 90

   -erklärung 31 ff., 39 ff., 45, 47, 50, 52 ff., 64, 71, 88 f., 91, 93 ff., 99, 117, 135, 148 f., 166, 172, 185, 207

   -freibetrag 109, 144, 159

   -ID 51, 53, 72, 139

   -klassen 20 ff., 32 f., 98 f., 141

   -nummer 57, 89, 166, 177

Studium 36 ff., 53, 67, 76, 79, 93, 148

T

Tablet 121, 180

Telefon 77, 80, 122

Transparenzprinzip 156

Trennungsprinzip 156 f.

Trinkgeld 123

U

Übungsleiterpauschale 95 f.

Umsatzsteuer 15, 42, 70, 166, 168 f., 173, 180

Umzug 53, 124, 187

Untätigkeitseinspruch 45

Unterhalt 68, 84, 85, 92

Unternehmen 144 ff.

V

Verlustvortrag 37 ff.

Vermietung 33, 93, 95, 124, 133, 135, 137, 144, 159, 161, 194 ff., 201

Vermögenswirksame Leistungen 35, 52

Verpflegungsmehraufwendungen 81, 92, 125, 207

Verspätungszuschlag 40

Vorausgefüllte Steuererklärung 52 f., 57, 71 f., 85, 87

Vorweggenommene Betriebsausgaben 153

W

Werbungskosten 14, 37 f., 73, 77, 79 f., 92, 95, 135 ff.

Z

Zweitwohnsitz 81 f., 145